Félix Lope de Vega y Carpio

# El villano en su rincón

Barcelona **2024**
**Linkgua-ediciones.com**

## Créditos

Título original: El villano en su rincón.

© 2024, Red ediciones S.L.

e-mail: info@red-ediciones.com

Diseño de cubierta: Michel Mallard.

ISBN tapa dura: 978-84-1126-251-4.
ISBN rústica: 978-84-9816-183-0.
ISBN ebook: 978-84-9897-713-4.

# Sumario

## Brevísima presentación

### La vida
Félix Lope de Vega y Carpio (Madrid, 1562-Madrid, 1635). España.

Nació en una familia modesta, estudió con los jesuitas y no terminó la universidad en Alcalá de Henares, parece que por asuntos amorosos. Tras su ruptura con Elena Osorio (Filis en sus poemas), su gran amor de juventud, Lope escribió libelos contra la familia de ésta. Por ello fue procesado y desterrado en 1588, año en que se casó con Isabel de Urbina (Belisa).

Pasó los dos primeros años en Valencia, y luego en Alba de Tormes, al servicio del duque de Alba. En 1594, tras fallecer su esposa y su hija, fue perdonado y volvió a Madrid.

Entonces era uno de los autores más populares y aclamados de la Corte. La desgracia marcó sus últimos años: Marta de Nevares una de sus últimas amantes quedó ciega en 1625, perdió la razón y murió en 1632. También murió su hijo Lope Félix. La soledad, el sufrimiento, la enfermedad, o los problemas económicos no le impidieron escribir.

## Personajes

Lisarda, labradora
Belisa
Costanza
Otón, caballero
Finardo
Marín, lacayo
El rey de Francia
La Infanta, su hermana
El Almirante
Juan Labrador
Feliciano, labrador
Fileto, labrador
Bruno, labrador
Salvano, labrador
Tirso, labrador
Un Alcalde
Músicos
Villanos
Criados
Enmascarados
Acompañamiento

## Jornada primera

(Lisarda y Belisa, en hábito de damas. Detrás, Otón, Finardo y Marín.)

| | |
|---|---|
| Belisa | ¿De esto gustas? |
| Lisarda | De esto gusto. |
| Belisa | ¡Qué notable inclinación! |
| Otón | Casadas pienso que son. |
| Finardo | No te resulte disgusto;<br>    que en el hábito parecen<br>gente noble y principal. |
| Otón | Talle y habla es celestial.<br>Juntos matan y enloquecen.<br>    Mas si el ánimo faltara,<br>¿qué ocasión no se perdiera? |
| Lisarda | Si bien no me pareciera,<br>ninguna joya tomara;<br>    que lo mayor para mí<br>es el buen talle del hombre. |
| Belisa | Por mi fe que es gentilhombre. |
| Finardo | ¿Volverás a hablarla? |
| Otón | Sí. |
| Lisarda |     ¡Con qué estilo tan galán<br>tantas joyas me compró! |

| | |
|---|---|
| Belisa | Habla bajo, porque yo<br>pienso, Lisarda, que van<br>   siguiendo nuestras pisadas. |
| Lisarda | Eso me ha dado temor. |
| Belisa | Vuelve muy aprisa Amor<br>por las prendas empeñadas. |
| Lisarda |    Todo lo que éste me ha dado,<br>de opinión ha de perder,<br>si agora viene a saber<br>la calidad de mi estado;<br>   mas podrélo remediar<br>con darle una prenda yo<br>que valga más. |
| Belisa |            Eso no. |
| Otón<br>(A Lisarda.) | Quiero, Finardo, llegar.<br>   A mucha descortesía,<br>hermosa dama, tendréis,<br>y apostaré que estaréis<br>descontenta de la mía<br>   porque sirviéndoos vengo<br>y que una vez vuelvo a hablaros. |
| Lisarda | Yo me holgara de obligaros<br>por el peligro que tengo,<br>   señor, a que me dejéis,<br>cierto de que en el lugar<br>donde hoy me visteis llegar,<br>muchas veces me veréis; |

y para satisfacción
de que no os digo mentira
—porque no sabe quien mira
las más veces la intención—
  esta sortija tomad.

Otón
Por prenda vuestra la aceto,
y no seguiros prometo,
si no es con la voluntad.
  No os espante el ver que siga,
pues el alma me lleváis,
ni el ver, pues ya me dejáis
que esto tan aprisa os diga;
  que sabe el cielo que es fuerza,
y que no he podido más.

Lisarda
El noble que ama, jamás
hizo a lo que quiso fuerza.
  Esto espero yo de vos,
pues vuestra nobleza es llana;
que aquí me veréis mañana.
Y quedaos con Dios.

Otón
                    Adiós.

Lisarda
  Yo os juro que, si os agrado,
que de vos lo voy también,
y que procediendo bien,
os doy amor por cuidado.

Otón
  Yo no pasaré de aquí
satisfecho que os veré.

Lisarda
Pues yo de aquí pasaré

si vos me obligáis ansí.

Otón          Digo que vais en buena hora.

Lisarda       Satisfecha voy de vos.

Otón          Id con Dios.

Lisarda             Quedad con Dios.

(Vanse ellas.)

Finardo       ¿Qué tenemos?

Otón                Que es señora
de gran calidad, sin duda.

Finardo       Lindamente os ha engañado.

Otón          Yo me doy por bien pagado,
que eternamente acuda
donde dice que vendrá.

Finardo       ¿Qué te parece, Marín,
de éste, tu señor?

Marín                Que en fin
tras sus antojos se va.
¿Qué bestia le hubiera dado
tantas joyas a mujer
sin coche, silla, o traer
solo un escudero al lado?

Otón          No la pensaba seguir...

La palabra me tomó...
pero perdonad, que yo
os tengo de ver mentir,
    y me habéis de confesar
que soy más cuerdo, aunque poco.
Parte, por gusto de un loco,
Marín, hasta verla entrar
    en la casa donde vive.
¿Qué miras? Vela siguiendo.

Marín                Voy tras ella, porque entiendo
que ya Finardo apercibe
    la vaya que te ha de dar.

Otón               No hará, por vida de Otón;
que yo sé que es ocasión
para podella envidiar.

(Vase Marín.)

Finardo            Fingís estar engañado
por que no os tenga por necio.

Otón               Para mí no tiene precio,
Finardo, un término honrado.

Finardo            ¡Término honrado es tomar
más de trescientos escudos
de joyas de oro!

Otón                    A los mudos
haréis, porfiando, hablar.
    No os lo pensaba decir.
¿Conocéis piedras?

| | |
|---|---|
| Finardo | Muy bien. |
| Otón | ¿Puede ser que a un hombre den<br>la que puede competir<br>   con una estrella del cielo,<br>mujeres de poco honor? |
| Finardo | Ésta tiene gran valor. |
| Otón | Que son señoras recelo. |
| Finardo |    Piedra es ésta que me admira. |
| Otón | Es un gentil diamante. |
| Finardo | Pero la luz no os espante,<br>porque mil veces se mira<br>   tan bien labrado un cristal<br>que aun engaña a quien lo entiende. |
| Otón | Ya vuestro temor me ofende.<br>Todo lo juzgáis a mal. |
| Finardo |    Hay seis o siete maneras<br>de mujeres pescadoras,<br>que andan, Otón, a estas horas<br>por estas verdes riberas.<br>   Una sale con rigor<br>que no se ha de destapar,<br>porque en viéndola, no hay dar<br>una blanca de valor.<br>   Ésta, fiada en el pico,<br>dos melindres y un enfado, |

y algo de un ojo rasgado
que encubre nariz y hocico,
  pesca de solo su anzuelo
camarones, pececillos,
guantes, tocas y abanillos
del boquirrubio mozuelo.
  Otra sale con su manto
como barba hasta la cinta;
que por lo casto se pinta
de lo que aborrece tanto.
  Pesca un barbo boquiabierto,
de estos que andan a casarse,
que piensan que han de toparse
con un tesoro encubierto;
  lleva arracadas y cruces.
Otra sale a lo bizarro,
tercia el manto con desgarro,
y anda el rostro entre dos luces.
  Ésta viene más fiada
en la cara bien compuesta,
descubierta a la respuesta,
y, cuando pide, tapada,
  pesca un delfín a caballo,
que se apea a no lo ser;
cuerdo digo al mercader,
que sabe bien castigallo,
  y quédalo por la pena.
Otra veréis cuyo fin
es dar un nuevo chapín,
que aquella mañana estrena.
  Acuden a la virilla
de plata resplandeciente,
mil peces de toda gente;
y ella salta, danza y brilla.

Pesca medias y otras cosas.
Dice que vive, a diez hombres,
en calles de treinta nombres.
Otras hay más cautelosas,
   de estas de coche prestado.
Pescan un señor seguro,
llevan diamante, oro puro,
que se cobra ejecutado.
   Hay a la noche bujías,
pastilla, esclavilla y salva;
y vase a acostar al alba,
después de seis gracias frías
   y un poquito de almohada.
Otras hay que andan al vuelo.
No penen cebo al anzuelo
ni van reparando en nada
   porque son red barredera
de los altos y los bajos.
Éstas pescan renacuajos,
mariscando la ribera,
   porque llevan avellanas,
duraznos, melocotones,
huevos, sardinas, melones,
besugos, peras, manzanas,
   y zarandajas ansí.
De éstas ya habréis escogido
lo que vuestra dama ha sido;
que yo lo sé para mí.

Otón          Paréceme discreción
de apretante cortesano.
¡Qué enfadoso estáis!

Finardo                    Es llano

diciéndoos verdad, Otón.

(Sale Marín.)

| | |
|---|---|
| Marín | ¡Ea, albricias! |
| Otón | ¿Cómo ansí? |
| Marín | ¡Linda cosa! |
| Otón | ¿De qué modo? |
| Marín | ¡Oh, bien empleado todo<br>cuanto se lleva de aquí! |
| Otón | ¿Es acaso gran señora? |
| Marín | No; pero muy gran bellaca,<br>pues con invenciones saca.<br>Y se va riendo agora. |
| Finardo | «Riendo se va un arroyo,<br>sus guijas parecen dientes.» |
| Otón | ¿Hacéis burla? |
| Finardo | No le cuentes<br>si era fregona de poyo,<br>o damisela de aquellas<br>de guadamecí en invierno,<br>sino ríñele lo tierno<br>con que se muere por ellas,<br>y el crédito que les da<br>a sus vidrios engastados. |

| | |
|---|---|
| Marín | Pienso dejaros helados<br>si os lo cuento. |
| Otón | Acaba ya. |
| Marín | Seguí este diablo o mujer<br>casi hasta el fin de París;<br>que pensé que a San Dionís<br>iba, por dicha, a comer.<br>    Llegó la tal a un mesón,<br>entró en él, y a un aposento<br>se fue derecha al momento.<br>Forjo una linda invención<br>    y entro al descuido a saber<br>de cierto español correo.<br>Miro al aposento, y veo<br>desnudarse la mujer,<br>    y vestirse poco a poco<br>de labradora, y después<br>salir con ella otras tres. |
| Finardo | ¡Para engañar a otro loco! |
| Marín | No, por Dios; mas un villano<br>un carro sacó al instante,<br>y ella, poniendo delante<br>del rostro con blanca mano,<br>    un velo sutil, subió,<br>y, en una alfombra sentada,<br>la primavera esmaltada<br>por abril, me pareció.<br>    Bien puede ser que si vieras<br>en el traje la mujer |

que tuvieras más que hacer
porque hasta el lugar te fueras.
   Iba un villanillo a pie,
y preguntéle quién era,
y dijo de esta manera:
«¿Qué lo pregunta? Él, ¿no ve
   que es hija de mi señor,
Juan Labrador?» «Es gallarda,
—dije— ¿Donde vive? Aguarda.»
Y respondióme: «En Belflor,
   ese lugar del camino
del bosque en que caza el rey».

| | |
|---|---|
| Finardo | Villana es a toda ley, |
| | que en traje de dama vino |
| |    a burlar en la ciudad |
| | un moscatel como vos. |
| | |
| Otón | ¿Juan Labrador? |
| | |
| Marín |             Sí, por Dios. |
| | |
| Otón | ¡Qué extraña temeridad! |
| |    Pues, ¿cómo una labradora |
| | este diamante me dio? |
| | |
| Finardo | Porque si es vidrio, os burló. |
| | |
| Otón | Eso sabremos agora. |
| |    Camina a la platería. |
| | |
| Marín | Sea dama o labradora, |
| | no es tan hermosa la aurora |
| | cuando abre la puerta al día. |

| | |
|---|---|
| Finardo | ¿Que es tan hermosa, Marín? |
| Marín | No hay cosa que más lo sea. |
| | Haz cuenta que en una aldea |
| | se ha humanado un serafín. |

(Vanse. Salen Juan Labrador, Fileto, Bruno y Salvano.)

| | |
|---|---|
| Juan | Creo que os he de reñir |
| | con las hoces en las manos. |
| | Salid acá, cortesanos. |
| Fileto | ¿Ya escopienzas a reñir? |
| | Pero donaire has tenido, |
| | pues cortesanos nos llamas, |
| | pensando que nos infamas |
| | con ese honrado apellido. |
| Juan | Fileto, el nombre «villano», |
| | del que en la «villa» vivía |
| | se dijo, cual se diría |
| | de la «corte» el «cortesano». |
| | El cortesano recibe |
| | por afrenta aqueste nombre, |
| | siendo villano aquel hombre |
| | bueno, que en la villa vive. |
| | Y pues nos llama «villanos» |
| | el cortesano a nosotros, |
| | también os llamo a vosotros |
| | por afrenta, «cortesanos». |
| Fileto | Señor ha dicho muy bien. |

| | |
|---|---|
| Juan | ¡Ea!, pues alto al trabajo,<br>y pues yo mi cuello abajo,<br>bájenle todos también.<br>    ¿Cuántos salieron a arar? |
| Salvano | Veinte mozos, diez con bueyes<br>y diez con mulas. |
| Juan |       ¿Qué reyes<br>no me pueden envidiar?<br>  Ve tú, Salvano, a la viña<br>de la ermita con tu carro. |
| Salvano | Como ha llovido y es barro<br>lo más de aquella campiña,<br>    otra mula llevaré. |
| Juan<br><br>(Vase Salvano.) | Lleva cuatro. Dios loado,<br>que tantos pares me ha dado,<br>pues aun contarlos no sé.<br>    Ea, tú Bruno, a la cuesta<br>donde vendimia Costanza. |
| Bruno | Yo voy. |
| (Vase.) | |
| Juan |     Tú, Fileto, alcanza<br>la más blanca y limpia cesta,<br>  y de unas uvas doradas<br>que se vengan a los ojos<br>y estén sus racimos rojos<br>por las mañanas heladas,<br>    descubriendo como el Sol |

el puro color del oro,
la llena y lleva a Peloro,
nuestro vecino y doctor.

Fileto                Manda a Gila que me dé
un paño de manos bueno,
labrado o de randas lleno,
y en somo le posaré.

Juan                ¿No eres más necio? ¿No sabes
que a peligro el paño está
de que se te quede allá?

Fileto             Entre personas muy graves
platos y paños se vuelven.

Juan              ........................
........................
........................ [-elven,]
los pámpanos, de manera
unos en otros asidos,
con clavellinas tejidos
que vayan cayendo afuera;
que juntas hojas y flores
parece, si están lozanos,
sus hojas paños de manos,
y los claveles labores.

Fileto             Voy, y la pondré de suerte
que al rey se pueda llevar.

Juan              Aquí te quiero aguardar.

Fileto             Al momento vuelvo a verte.

(Vase.)

Juan              ¡Gracias, inmenso cielo,
a tu bondad divina!
No tanto por los bienes que me has dado,
pues todo aqueste suelo
y esta sierra vecina
cubren mis trigos, viñas y ganado;
ni por haber colmado
de casi blanco aceite
de estas olivas bajas,
a treinta y más tinajas,
donde nadan los quesos por deleite,
sin otras, de henchir faltas,
de olivas más ancianas y más altas;
   no porque mis colmenas,
de nidos pequeñuelos,
de tantas avecillas adornadas,
de blanca miel rellenas,
que al reírse los cielos
convierten de estas flores matizadas;
ni porque estén cargadas
de montes de oro en trigo
las eras que a las trojes
sin tempestad recoges,
de quien Tú, que los das, eres testigo,
y yo, tu mayordomo,
que mientras más adquiero, menos como;
   no porque los lagares,
con las azules uvas
rebosen por los bordes a la tierra,
ni porque tantos pares
de bien labradas cubas

puedan bastar a lo que octubre encierra;
no porque aquella sierra
cubra el ganado mío,
que allá parecen peñas,
ni porque con mis señas,
bebiendo de manera agota el río,
que en el tiempo que bebe,
a pie enjuto el pastor pasar se atreve;
  las gracias más colmadas
te doy porque me has dado
contento en el estado que me has puesto.
......................... [-adas]
......................... [-ado]
......................... [-esto].
Parezco un hombre opuesto
al cortesano, triste
por honras y ambiciones,
que de tantas pasiones
el corazón y el pensamiento viste,
porque yo sin cuidado
de honor con mi iguales vivo honrado.
  Nací en aquesta aldea,
dos leguas de la corte,
y no he visto la corte en sesenta años,
ni plega a Dios la vea,
aunque el vivir me importe
por casos de fortuna tan extraños.
Estos mismos castaños,
que nacieron conmigo,
no he pasado en mi vida;
porque si la comida
y la casa, del hombre dulce abrigo,
adonde nace tiene,
¿qué busca, adónde va, ni adónde viene?

        Ríome del soldado,
que como si tuviese
mil piernas y mil brazos, va a perdellos;
y el otro, desdichado,
que como si no hubiese
bastante tierra, asiendo los cabellos
a la Fortuna, y de ellos
colgado el pensamiento,
las libres mares ara,
y aun en el mar no para,
que presume también beber el viento.
¡Ay, Dios, qué gran locura
buscar el hombre incierta sepultura!

(Sale Feliciano.)

Feliciano        Ansí Dios te dé placer,
padre mío y mi señor,
que me hagas un favor.

Juan        Muchos te quisiera hacer.

Feliciano        Pues ven, por tu vida, a ver
al rey, que muy cerca pasa
del umbral de nuestra casa,
que va a cazar a su monte.
Tu capa y sombrero ponte,
que el Sol en vendimia abrasa.
    Ven a ver las damas bellas
que acompañan a su hermana,
que sale como Diana
entre planetas y estrellas.
Con ella compiten ellas,
y ella con el Sol divino.

Ven, porque todo el camino
se cubre de más señores
que tienen los campos flores
y fruta aquel verde pino.
   Ven a ver cuán envidioso
está el Sol de los caballos,
porque quisiera roballos
para su carro famoso.
Verás tanto paje hermoso
que el pecho tierno atraviesa
con banda blanca francesa,
opuesta al rojo español,
ir como rayos del Sol
por esa arboleda espesa.
   ¡Ea, padre, que esta vez
no has de ser tan aldeano!
Da, por tu vida, de mano
a tanta selvatiquez.
Alegra ya tu vejez,
hinca la rodilla en tierra
al rey, que con tanta guerra
te mantiene en paz.

Juan                    ¡No más;
que pesadumbre me das!
La boca, ignorante, cierra.
   ¿Qué es ver al rey? ¿Estás loco?
¿De qué le importa al villano
ver al señor soberano,
que todo lo tiene en poco?
Los últimos pasos toco
de mi vida, y no le vi
desde el día en que nací;
pues, ¿tengo de verle ya,

cuando acabándose está?
Más quiero morirme ansí.

Yo he sido rey, Feliciano,
en mi pequeño rincón;
reyes los que viven son
del trabajo de su mano;
rey es quien con pecho sano
descansa sin ver al rey,
obedeciendo su ley
como al que es Dios en la tierra,
pues que del poder que encierra
sé que es su mismo virrey.

Yo adoro al rey; mas si yo
nací en un monte, ¿a qué efecto
veré al rey, hombre perfecto,
que Dios singular crió?
El cura nos predicó
que dos ángeles tenía
que le guardan noche y día,
y que ésta fue su opinión
sin la mucha guarnición
de su armada infantería.

Yo propuse, Feliciano,
de no ver al rey jamás,
pues de la tierra en que estás
yo tengo el cetro en la mano.
Si el rey, al pobre villano
que ves, prestado pidiese
cien mil escudos, y hubiese
grande que así los prestase
—¿qué es prestase?, presentase—
que en un cordel me pusiese.

Daré al rey toda mi hacienda,
hasta la oveja y el buey;

mas yo no he de ver al rey
mientras de esto no se ofenda.
¿Hame de dar encomienda
ni plaza de consejero?
Servirle y no verle quiero,
porque al Sol no le miramos
y con él nos alumbramos,
pues tal al rey considero.
　　No se deja el Sol mirar,
que es su rostro un fuego eterno;
rey del campo que gobierno
me soléis todos llamar;
el ave que hago matar
sábele allá de otro modo,
ni el vino oloroso es todo
porque le falta haber sido
él mismo quien le ha cogido
para que le sepa más;
que en las viñas donde estás
lo que he sembrado he bebido.
　　Los coches pienso que son
éstos que vienen sonando.
Ya me escondo, imaginando
su trápala y confusión.
¡Ay, mi divino rincón,
donde soy rey de mis pajas!
¡Dura ambición! ¿Qué trabajas
haciendo al aire edificios,
pues los más altos oficios
no llevan más de mortajas?

(Vase.)

Feliciano　　　　　¿Qué bárbaro produjeron

**28**

las montañas del Caucaso?
¿Qué abárimo, qué circaso
sus ocultos montes vieron?
¿A qué león leche dieron
las albanesas leonas,
ni en todas las cinco zonas
vio el Sol por fuegos o hielos,
corriendo sus paralelos,
sus círculos y coronas,
  con semejante rigor?
¿Hay tan grande villanía?
¿De ver al rey se desvía?
¡Y al que es supremo señor!

(Salen Lisarda y Belisa, de labradoras.)

Lisarda      ¡De qué famosa labor
iba bordada la saya!

Belisa      No presumo yo que haya
en el sur perlas más bellas.

Lisarda      Allá envían a cogellas
a la más remota playa.

Belisa      Hermosa la infanta iba.

Lisarda      Cuando no fuera quien es,
su hermosura era interés
que en más alto reino estriba.

Belisa      Pensé que era, así yo viva,
uno de aquellos señores,
el que allá te dijo amores

cuando fuiste disfrazada.

Lisarda             Pues no estuviste engañada;
yo le estuve en sus favores.

Belisa               Mira que está aquí tu hermano.

Lisarda             Feliciano...

Feliciano               Mi Lisarda...

Lisarda             ¿Viste la corte gallarda?

Feliciano           Vi nuestro rey soberano.

Lisarda             ¿Y no viste, Feliciano,
tantas damas, tal belleza?

Feliciano           Admiróme su grandeza
de suerte que a toda furia
vine a llamar quien injuria
la misma naturaleza.
   Rogué a mi padre que fuese
a ver al rey.

Lisarda                 ¡Necedad!
¿Tan extraña novedad
querías que por ti hiciese?
Antes que Juan se moviese
de su umbral a ver al rey,
después de guardar su ley,
él no ver al rey juró
porque, desde que nació
rompería el aire un buey.

| | |
|---|---|
| Feliciano | ¿Es posible que nacimos<br>de este monstruo? |
| Lisarda | No sé. |
| Feliciano | Si es nuestro padre, ¿por qué<br>tan diferentes salimos?<br>   Yo muero por ver la corte<br>y andar en honrado traje;<br>cánsame este villanaje,<br>aunque a darle gusto importe.<br>   Cuando me puedo escapar,<br>voy a París con vestido<br>tan cortesano y pulido<br>que el rey me puede mirar.<br>   Escucho a sus caballeros,<br>su grandeza me alborota;<br>al juego de la pelota<br>voy a apostar mis dineros,<br>   ya que no puedo jugar<br>—a lo menos no me atrevo—<br>porque sé bien que si pruebo,<br>conmigo se ha de enojar.<br>   Si en las justas y torneos<br>puedo disfrazado entrar,<br>allá procuro llegar,<br>y si no, con los deseos.<br>   No sé cómo me engendró. |
| Lisarda | Pues, ¿qué te diré de mí?<br>Jamás a la corte fui<br>que allá pareciese yo.<br>   Mi ropa, basquiña y manto, |

guante y dorado chapín,
puede mirallo el delfín.

Feliciano

De su rudeza me espanto.
   Yo voy a la iglesia, hermana,
porque oí decir que oiría
misa el rey en ella.

Lisarda

                    Haría
nuestra aldea cortesana.
   Y aun allí podría ser
que nuestro padre le viese,
aunque verle no quisiese,
pues nunca le quiere ver.

Feliciano

   No hayas miedo, porque está,
desde que el rey ha sentido,
o encerrado o escondido.

Lisarda

Pues, ¿a misa no saldrá?

Feliciano

   Perderála, por no ver
la corte, el rey, ni las damas.

Lisarda

¿Y bárbaro no le llamas?

Feliciano

Ni aun hombre mereció ser.
   Voyme, porque para mí
nunca amanece tal día.

(Vase.)

Lisarda

¿Qué dirás, Belisa mía,
de lo que ha pasado aquí?

| | |
|---|---|
| Belisa | Digo que como la gente |
| | del lugar toda entrará |
| | a ver al rey, si allá está |
| | puedes muy honestamente |
| |     verle y ver si está con él |
| | el que las joyas te dio. |
| | |
| Lisarda | Digo que le he visto yo, |
| | Belisa, y muy cerca de él. |
| | |
| Belisa |     ¡Cosa que fuese señor |
| | de importancia! |
| | |
| Lisarda |                     No quisiera |
| | que tan grande señor fuera |
| | como imposible mi amor. |
| |     Pero vamos a saber |
| | lo que hizo la Fortuna; |
| | que quien nació sin ninguna, |
| | ¿de qué la puede temer? |
| |     Mas tenga este desengaño |
| | mi padre, Juan Labrador; |
| | que no lo ha de ser mi amor |
| | sin hacer a mi honor daño. |
| |     Yo no nací, mi Belisa, |
| | para labrador por dueño; |
| | para mí su estilo es sueño, |
| | y su condición es risa. |
| |     Yo me tengo de casar, |
| | por mi gusto y por mi mano, |
| | con un hombre cortesano, |
| | y no en mi propio lugar. |

| | |
|---|---|
| Belisa | ¿No me llevarás contigo? |
| Lisarda | Conmigo te llevaré.<br>Para corte me crié;<br>su estilo y leyes bendigo. |
| Belisa | Vamos, y deja el aldea. |
| Lisarda | ¡Ay, si hablase aquel señor! |
| Belisa | No es imposible tu amor,<br>como título no sea. |
| Lisarda | Puédele mi padre dar<br>de dote cien mil ducados. |
| Belisa | Ducados hacen ducados;<br>con duque te has de casar. |

(Vanse.)

(El rey de Francia, la Infanta, Finardo, Otón, Marín, acompañamiento.)

| | |
|---|---|
| Rey | ¿Habéislo preguntado? |
| Otón | Ya se viste;<br>porque no fue poca dicha, porque es tarde. |
| Infanta | La iglesia me contenta, aunque es antigua,<br>y los altares tienen, para aldea,<br>mejores ornamentos que la corte. |
| Otón | Pienso que en ella vive un hombre rico,<br>que debe de tener este cuidado. |

| | |
|---|---|
| Rey | ¿Qué piedra es ésta escrita, que sostiene este pilar? |
| Infanta | Será alguna memoria. ¿Eso a leer se pone vuestra alteza? |

(Salen Fileto, Bruno, y Salvano.)

| | |
|---|---|
| Fileto | Pisa quedito, Bruno, no te sientan. |
| Bruno | Pues, ¿fuera yo más quedo sobre huevos? |
| Salvano | ¿Éste es el rey? |
| Fileto | Aquel mancebo rojo. |
| Salvano | Yo he visto en un jardín pintado al César, a Tito, a Vespasiano y a Trajano; pero estaban rapados como frailes. |
| Bruno | Ésos eran coléricos, que apenas sufrían sus bigotes, y de enfado se dejaban rapar barba y cabeza. |
| Infanta | ¿De qué está riendo vuestra alteza? |
| Rey | ¿No quieres que me ría, si he leído la cosa más notable en esta piedra que está en el mundo escrita, ni se ha oído? |
| Infanta | Pues no se espante de eso vuestra alteza; que en los sepulcros hay notables cosas. |

| | |
|---|---|
| Otón | Estando yo en España y en Italia, |
| | he visto algunos de morir dignos. |
| | |
| Rey | Plutarco hace mención, y por testigo |
| | pone a Herodoto, del sepulcro insigne |
| | que en la puerta mayor de Babilonia |
| | hizo la gran Semíramis de Nino, |
| | convidando a tomar de sus dineros |
| | al rey que de ellos fuese codicioso. |
| | Abrióle Darío, rey de Persia, y dentro |
| | halló sola una piedra que decía: |
| | «Si no fueras avaro y ambicioso, |
| | no vieras las cenizas de los muertos.» |
| | |
| Otón | De Herodes cuenta la codicia misma, |
| | Josefo, historiador de tanto crédito. |
| | Abrió, pensando hallar ricos tesoros, |
| | del gran David y Salomón las urnas. |
| | |
| Infanta | Notables fueron en antiguos tiempos |
| | de la bárbara Egipto los pirámides. |
| | |
| Otón | En Lusitania, en una piedra había |
| | escritas estas letras: «Gundisalvo |
| | yace debajo aquesta losa fría; |
| | boca abajo mandó que le enterrasen, |
| | porque da tan apriesa vuelta al mundo, |
| | que quedará muy presto boca arriba |
| | y así quiso excusarse del trabajo». |
| | |
| Rey | ¡Notable! |
| | |
| Infanta | No se ha visto semejante. |

| | |
|---|---|
| Rey | Éste merece letras en diamante. |
| Infanta | ¿Cómo dicen, señor? |
| Rey | De aquesta suerte, aunque le falta el año de la muerte: |

    «Yace aquí Juan Labrador,
que nunca sirvió a señor,
ni vio la corte, ni al rey,
ni temió ni dio temor;
ni tuvo necesidad,
ni estuvo herido ni preso,
ni en muchos años de edad
vio en su casa mal suceso,
envidia ni enfermedad.»

| | |
|---|---|
| Infanta | ¿No dice cuando murió? |
| Rey | No escribe el año ni el mes. |
| Infanta | Por ventura es vivo. |
| Rey | Yo diera un notable interés por que viviera. |
| Infanta | Yo no. |
| Rey | Yo sí, para conocer un hombre tan peregrino. |
| Otón | Presto lo podrás saber. |

(Salen Lisarda y Belisa.)

Lisarda          A misa dicen que vino.

Belisa           Mas, ¿Si acertase a saber
                     aquél tu desasosiego?

Lisarda          No dudes de que aquí está.

Belisa           Si lo está verásle luego.

Lisarda          No lo dudo, porque habrá
                 la luz de su mismo fuego.

Otón                Aquí hay muchos labradores
                 de los que vienen a verte;
                 si es tu gusto, no lo ignores.

Rey              De lo que le tengo advierte
                 a alguno de los mejores.

Otón                Hola, amigos, el rey hablaros quiere.
                 ¿Cuál es de todos de mejor juicio?

Bruno            Yo ha poco que era el más discreto; agora,
                 no sé en lo que ha topado, no soy tanto.

Fileto           Aquí Salvano sabe más que Bruno,
                 y yo suelo saber más que Salvano,
                 porque sé de las misas lo que es «quiries»
                 y canto por la noche el «Tanto negro»;
                 pero pienso, señor que me turbase...

Otón             ¿Cómo turbar? ¿No veis cuán apacible,

cuán humano es el rey? Que los leones
son graves con los graves animales,
y humildes con los tiernos corderillos.
No temáis porque el rey hablaros quiere.

Fileto      Yo voy en su grandeza confiado.

Otón      Aquí viene, señor, el más discreto
de aquestos labradores y villanos.

Fileto      Hablando con perdón, yo soy discreto.

Rey      ¿Sois muy discreto vos?

Fileto                              Notablemente;
he jugado a la chuca y a los bolos;
yo pinto con almagre ricos mayos
la noche de San Juan y de San Pedro,
y pongo «Juana», «Antona», y «Menga, víctor».

Rey      ¿Quién es Juan Labrador aquí?

Fileto                              Es mi amo;
que por darme a comer ansí le llamo.

Rey      ¿Que vive?

Fileto            Sí, señor.

Rey                  Pues, ¿cómo tiene
puesta su piedra aquí de sepultura?

Fileto      Porque dice que es loco el que edifica
casa para la vida de cien años,

aunque muy pocos pasan de sesenta,
y no lo hace para tantos cuantos
ha de estar en la casa de la muerte.

Rey               ¿Es muy sabio?

Fileto                                    Después de mí no hay hombre
que sepa tanto en toda aquesta aldea.

Rey               Ansí falta en las letras mes y año.

Fileto               Pondránsele en muriendo.

Rey                                 ¿Tiene hijos?

Fileto               Dos tiene agora, un macho y una macha
más bella que una rosa alejandrina
cuando rompe el botón y por su extremo
despliega algunas hojas y otras coge.

Rey               ¿Es rico?

Fileto                          Es espantosa su riqueza.
Tiene de su labor más de cien hombres,
ochenta bueyes y cincuenta mulas.

Rey               ¿Qué viste?

Fileto                       Paño tosco.

Rey                          ¿En qué come?

Fileto               En barro muy grosero.

| | |
|---|---|
| Rey | ¿Por qué causa? |
| Fileto | Porque es el más humilde de los hombres. |
| Rey | ¿Tiene mucho dinero? |
| Fileto | Como paja. |
| Rey | ¿Cómo trae sus hijos? |
| Fileto | En su traje,<br>a honor y devoción de su linaje. |
| Rey | ¿Es avariento? |
| Fileto | No, porque a los pobres<br>reparte la más parte de su hacienda. |
| Rey | ¿Por qué dice que al rey jamás ha visto? |
| Fileto | Porque él dice, y lo creo, que es honrado,<br>que es rey en su rincón, y que sus padres<br>no le vieron tampoco, y le sirvieron,<br>amaron, respetaron y temieron,<br>y que él le teme y ama y le respeta,<br>y no le quiere ver, sino serville,<br>y a su tiempo dineros emprestalle. |
| Rey | Si le envío a llamar, ¿no querrá verme? |
| Fileto | Está escondido agora; que las veces<br>que pasas a cazar por esta aldea,<br>se esconde, que no hay hombre que le vea. |

| | |
|---|---|
| Rey | ¡Que viva un hombre aquí tan poderoso! |
| | ¡Dichoso el que da leyes a su casa |
| | y en sus umbrales tan contento pasa! |
| | |
| Fileto | Si quieres ver, señor, una serrana |
| | hermosa como el Sol, que es hija suya, |
| | haz que se acerque la de la patena, |
| | que se precia de ser muy cortesana. |
| | |
| Rey | Llámala, Otón. |
| | |
| Otón | Aquí os llegad, señora. |
| | |
| Lisarda | ¿Qué manda su reverencia? |
| | |
| Marín | |
| (Aparte a su amo.) | Señor, ¿no es ésta la dama |
| | de París? |
| | |
| Otón | El rey la llama. |
| | Ten silencio. |
| | |
| Marín | Y tú paciencia. |
| | |
| Rey | ¿Sois hija de este buen viejo |
| | que llaman Juan Labrador? |
| | |
| Lisarda | Yo soy su hija, señor, |
| | y aunque tosca, fui su espejo. |
| | |
| Rey | Hermana, por vida mía, |
| | que en la moza reparéis. |
| | |
| Infanta | Muy buena traza tenéis. |

| | |
|---|---|
| Lisarda | Donde está tu infantería, |
| |    ¿qué traza puedo tener? |
| | |
| Infanta | ¡Infantería! ¡Oh, qué gracia! |
| | |
| Lisarda | ¿Cuál fuera mayor desgracia, |
| | si igualdad pudiera haber? |
| |    ¿Decir vos que yo tenía |
| | traza sin ser edificio |
| | o yo, pues es vuestro oficio, |
| | llamaros infantería? |
| |    El llamar a un rey «alteza», |
| | que lo llaman a una torre, |
| | aunque es lenguaje que corre, |
| | no es propiedad ni pureza. |
| |    Si a señor es «señoría», |
| | y al excelente le dan |
| | «excelencia», bien dirán |
| | a una infanta «infantería». |
| | |
| Rey |    No me parece muy lerda, |
| | y el talle es todo donaire. |
| | |
| Lisarda | Como nos da tanto el aire, |
| | no es mucho que el don se pierda. |
| | |
| Rey |    ¿Y cómo os llamáis? |
| | |
| Lisarda |               Lisarda, |
| | con perdón de sus mercedes. |
| | |
| Finardo | |
| (Aparte a Otón.) | Bien desengañarte puedes; |

que la otra era gallarda
y ésta es tosca por extremo.

Otón
Pienso que finge, Finardo.

Rey
El talle es, por Dios, gallardo.

Infanta
Que os lleva los ojos temo.
Vamos, hermano, de aquí.

Rey
Vamos; que Juan Labrador
ha de servir a señor,
y ver rey y todo en mí.

(Vanse los dos y el acompañamiento. A Lisarda.)

Otón
¿Queréis oír dos palabras?

Lisarda
Como no pasen de dos,
y otras dos daré en respuesta.

Otón
¡Extremada condición!
Pues sea ¿«sabéis» la una;
será la otra «quién soy»?

Lisarda
Escuchadme las dos mías,
hidalgo, que os guarde Dios.
La una es la i«reverencia»,
y la otra será, «no»!

Otón
Replico que habéis mentido.

Lisarda
Replico que mentís vos.

| | |
|---|---|
| Otón | Que en París os vi, respondo, |
| | y que esa mano me dio |
| | este diamante. |
| | |
| Lisarda (Aparte.) | Es verdad. |
| | Pero no será razón |
| | que os hable entre tanta gente, |
| | porque son de la labor |
| | de la hacienda de mi padre, |
| | y perderé mi opinión. |
| | Fuera de eso, yo soy hija, |
| | ya lo veis, de un labrador, |
| | y vos seréis duque o conde. |
| | |
| Otón | Soy mariscal, soy Otón, |
| | de la cámara del rey, |
| | pero nos iguala amor. |
| | |
| Lisarda | Un olmo tiene esta aldea, |
| | a donde de noche, al son |
| | de tamboril y guitarras, |
| | las mozas de Miraflor |
| | bailan por aquestos días. |
| | Allí hablaremos los dos |
| | como vengáis disfrazado. |
| | |
| Otón | Haréisme un grande favor. |
| | |
| (A Lisarda.) | |
| | |
| Belisa | Mira, que te están mirando. |
| | |
| Lisarda | ¡Ay, Belisa!, que ya voy. |

| | |
|---|---|
| Otón | El corazón me lleváis. |
| Lisarda | Y aquí os dejo el corazón. |
| Bruno | Luego, aquí estos palaciegos<br>habran las mozas de amor. |
| Fileto | Son diablos, con sus razones<br>derribaran a Sansón...<br>Señora, vamos de aquí,<br>porque tenemos temor;<br>que si viene Feliciano,<br>puede ser que haya cuestión. |
| Lisarda | Id delante; que ya vamos. |

(Vanse Lisarda, Belisa, Fileto, Bruno y Salvano.)

| | |
|---|---|
| Marín | Un guante caer se dejó. |
| Finardo | ¡Qué discreta! |
| Marín | ¡Qué bellaca! |
| Finardo | No en balde el rey la miró;<br>es mozo y ella gallarda.<br>No es de escardillo ni hoz<br>el guante de esta doncella. |
| Otón | No es sino caja en que Amor<br>guarda las flechas que tira. |
| Marín | ¡Que mala comparación!<br>Porque habiendo de ser nieve |

los dedos que aquí guardó,
las flechas de Amor son fuego,
y vienen a hacer carbón.

Otón          Por lo que abrasan, me agradan...
Pero el Rey no me agradó;
que no sé qué le decía.

Finardo       Yo lo entendí.

Otón                 Pues yo no.

Finardo       Dijo que había de hacer
que aqueste Juan Labrador
viese rey, señor sirviese.

Otón          Vamos, porque pienso yo
que ha de ser dificultoso.

Finardo       ¡A un rey de tanto valor,
que tiemblan sus flores de oro,
el escita, el turco feroz!

Otón          Qué mal, Finardo, conoces,
si nunca te sucedió,
llegar de noche mojado,
o a la siesta con el Sol,
o perdido por un monte,
si de lejos te llamó
el fuego de los pastores
o de los perros el son
después que de voces ronco
te dieron alguna voz;
y entraste en pobre cabaña

que tiene por guardasol
robles bañados en humo,
que pasa el viento veloz,
y haber de sacar las migas
y el cándido naterón,
y sin manteles en mesa,
cuchillo ni pan de flor,
sino sentado en el suelo
sobre algún pardo vellón,
rodeado de mastines,
que están mirando al pastor,
lo que se estima y se ensancha
el villano en su rincón.

Fin de la primera jornada

## Jornada segunda

(Salen el Rey y Finardo.)

Rey                 Desasosiego me cuesta.

Finardo          Para desasosegarte
                     ¿puede en el mundo ser parte
                     cosa a tu grandeza opuesta?

Rey                 Este villano lo ha sido.

Finardo          ¿El villano o la villana?

Rey                 Un ángel en forma humana,
                     Finardo, me ha parecido.
                      Pero no creas que fuera
                     quien me desasosegara
                     cuando el cielo la pintara
                     con el pincel que pudiera;
                      que en negocio que el honor
                     pasa de las justas leyes,
                     aun nos valemos los reyes
                     de nuestro propio valor.
                      Su padre me dio cuidado;
                     que en verle vivir ansí,
                     tan olvidado de mí,
                     confieso que me ha picado.
                      ¡Qué con tal descanso viva
                     en su rincón un villano,
                     que a su señor soberano
                     ver para siempre se priva!
                      ¡Que trate con tal desprecio
                     la majestad sola una,

sin correrse la Fortuna
de que la desprecie un necio!
  ¡Que tanto descanso tenga
un hombre particular,
que pase por su lugar
y que a mirarme no venga!
  ¡Que le haya dado la suerte
un rincón tan venturoso,
y que esté en él poderoso,
desde la vida a la muerte!
  ¡Que le sirvan sus criados,
y que obedezcan su ley,
y que él se imagine rey
sin ver los reyes sagrados!
  ¡Que la púrpura real
no cause veneración
a un villano en su rincón
que viste pardo sayal!
  ¡Que tenga el alma segura,
y el cuerpo en tanto descanso!
Pero, ¿para qué me canso?
Digo que es envidia pura,
  y que le tengo de ver.

| | |
|---|---|
| Finardo | Ansí cuentan el suceso<br>de Solón y del rey Creso. |
| Rey | Muy diferente ha de ser;<br>  que el filósofo juzgó<br>de otra suerte al rey de Lidia;<br>y yo tengo a un hombre envidia<br>por ver que me despreció. |
| Finardo |   Tres calidades de bienes |

Aristóteles escribe
que tiene el hombre que vive;
y todas, señor, las tienes.
    De Fortuna la primera
en que lo menos se funda;
del cuerpo fue la segunda,
del ánimo la tercera.
    Bienes de Fortuna son
de riquezas multitud,
del cuerpo son la salud
y la buena complexión.
    Los del ánimo, la ciencia
y la virtud. Éstos fueron
a quien todos siempre dieron
divina correspondencia.
    Y si hay en la tierra alguna,
por felicidad la entienden;
que estos bienes no dependen
del tiempo ni la Fortuna.
    Estando todos en ti,
¿cómo envidias a un villano,
tú con el cetro en la mano,
y él con el arado allí?

Rey        Dame pena el verle opuesto
a mi propia majestad,
viendo la felicidad
en que su dicha le ha puesto.
    Deseaba vez alguna
Augusto de Escipión
la fuerza, el ser de Catón,
y de César la fortuna;
    y era un grande emperador;
y en un villano, ¡aún no veo

que tenga un justo deseo
de ver al rey su señor!
   Mil el mundo peregrinan
por ver alguna ciudad
que tenga en sí majestad;
mares y montes caminan.
   Y éste se esconde en su casa
cuando paso por su puerta...
¡Pues, vive el cielo, que, abierta,
ha de saber que el rey pasa!

Finardo           ¿Eso te da pesadumbre?
¡Un villano en su rincón!
Y, ¿no se espanta un león
de un gallo y de cualquier lumbre?
   El animoso caballo
del floro, un ave tan vil,
¿no se espanta?

Finardo                 ¿Que el gentil
león se espanta del gallo?

Rey           Y de un carro; tanto siente
de la ruedas el rumor;
y ansí yo de un labrador,
que es un carro finalmente.

Finardo           ¿Qué tienes imaginado
para que el hombre te vea?

Rey           Porque ver no me desea,
me ha de ver, mal de su grado.
   Pongan en que al monte salga;
que yo buscaré invención

para que su condición
contra reyes no le valga.

Finardo            Pues, ¿tú quieres ir allá?
Venga acá Juan Labrador
a ver al rey su señor;
que él es bien que venga acá.

Rey            Déjale con su opinión;
que si al rey con su poder
no quiere ver, yo iré a ver
al villano en su rincón.

(Vanse. Salen Belisa, Costanza y Lisarda.)

Costanza            Solo está el olmo, a la fe.

Belisa            La palmatoria ganamos.

Lisarda            A muy bien tiempo llegamos.

Costanza            ¿Quieres tú que solo esté?

Lisarda            Sí, porque hablemos un rato.

Costanza            ¿Mas que son cosas de amor?
Que te he visto en el humor
que te ofende algún ingrato.

Lisarda            Por vida tuya, Costanza,
pues eres tan entendida
—mira que juro tu vida—
¿tuvieras tú confianza
   en palabras de algún hombre

de estos hidalgos de allá?

Costanza     ¿De la corte?

Lisarda                    Sí; que ya
tengo en el alma ese nombre.

Costanza        La que pudiera tener
de amigo reconciliado,
de juez apasionado,
y de firma de mujer;
    la que tuviera, sembrando,
de un campo estéril y enjuto,
o del imposible fruto
del olmo que estás mirando;
    la que tuviera de un loco
o de un celoso traidor;
la que de un hombre hablador
que siempre son para poco;
    la que de un hombre ignorante
que presume de saber;
la que de abril sin llover;
la que del mar inconstante;
    la que tuviera en la torre
que se funda sobre arena,
y en quien no siente la ajena,
y de su falta se corre;
    la de amigo en alto estado
si fuimos pobres los dos,
ésa me diera, por Dios,
cortesano enamorado.

Lisarda        ¿Qué es, Costanza, cosi cosa,
que llaman en corte enima:

un alto, que un bajo estima
sin fuerza más poderosa,
    y un bajo que al alto aspira?

Costanza          Una música formada
                  de dos voces.

Lisarda                              Bien me agrada.

Costanza          Aunque alto y bajo están, mira
                      que, aunque son tan desiguales
                  como la noche y el día,
                  aquella unión y armonía
                  los hace en su acento iguales;
                      que el alto en un punto suena
                  con el bajo siempre igual,
                  porque si sonaran mal,
                  causaran notable pena.

Lisarda              Música me persuades
                  que el amor debe de ser.

Costanza          El Amor tiene poder
                  de concertar voluntades.

Lisarda              No hay músico ni maestro
                  como Amor, de altos y bajos;
                  pero canta contrabajos,
                  en que siempre está más diestro.

Belisa               Al olmo vienen zagales,
                  no habléis cosa de sospecha.

Lisarda (Aparte.)   (Cerrarte, Amor, ¿qué aprovecha?

Por cualquier dedo te sales.)

(Salen Fileto y Feliciano.)

Feliciano              Costanza está aquí, Fileto.

Fileto              Ella me dijo que había
de venir al baile.

Feliciano                         Cría
humor gracioso y discreto.

Fileto              Pienso que la quieres bien
y que no te mira mal;
pero es pobre y desigual
de tus méritos también.

Feliciano              Mal dices; que la virtud
es de más valor que el oro.

Fileto              Cual le guardan el decoro
tenga el mundo la salud.

Feliciano              Mi padre no tiene igual
en riquezas, porque ha sido
un hombre a quien ha subido
la Fortuna a gran caudal.
¿No has visto un enamorado
que comienza a enriquecer
alguna pobre mujer
que estaba en humilde estado
que, dando en hacer por ella,
tanto se viene a empeñar
que, no teniendo qué dar,

se viene a casar con ella?
  Pues de esa manera fue
con mi padre la Fortuna,
pues no sé yo cosa alguna
que no le haya dado y dé.
  Pienso que por levantalle
se ha empobrecido por él,
y ha de casarse con él,
porque no tiene qué dalle.

Fileto          En el olmo se han sentado;
la noche es un poco oscura,
porque no está muy segura
la Luna de algún nublado.
  Llega, hablarás a Costanza
antes que venga la gente,
y algún villano se siente
donde el mismo Sol no alcanza.

(A Costanza.)

Feliciano     ¿Habrá un poco de lugar
para quien todo le diera
en el alma a quien quisiera
esta posesión tomar?

(A Lisarda.)

Costanza      ¿No respondes a tu hermano?

Lisarda       ¿Para qué, si habla contigo?

Costanza      Pues yo que se siente digo.

Feliciano          ¿Hacia qué mano?

Costanza                          A esta mano,
          que dicen que el corazón
          más a esta parte se inclina.

Feliciano          Aquí, Costanza, adivina
          tú propia mi pretensión.
             Haz el corazón acá;
          que tengo el mío perdido
          porque se hablen al oído
          y no lo entiendan allá.

Costanza             Y será bien menester;
          que viene gran gente al olmo.

(Salen Bruno, Salvano, Tirso, villanos, y músicos.)

Bruno          Habrá zagales en colmo.

Salvano          Pues habrá en colmo el placer.
             ¿Traes tú vihuela ahí?

Tirso          Aquí tengo mi vihuela.

Bruno          Suena un poco, así te duela
          menos el amor que a mí.

Tirso             ¿Hay para todos asiento?

Belisa          Antes estaréis mejor
          en pie, por hacer favor
          a los pies y al instrumento.

| | |
|---|---|
| Bruno | Salga Lisarda a bailar. |
| Lisarda | ¿Sola? No tenéis razón. |
| Bruno | Yo bailaré una canción, con que la quiero sacar. |

(Salen Otón y Marín.)

| | |
|---|---|
| Otón | Éste, ¿no es el olmo? |
| Marín | El mismo. |
| Otón | Pues, ¿cómo hablarla podré? |
| Marín | Si no se aparta, no sé. |
| Otón | ¿Pudo haber confuso abismo ni laberinto de amor como entre dos desiguales? |

(A Lisarda.)

| | |
|---|---|
| Bruno | Danzaré, pues que no sales. ¡Vaya de gala y de flor! |

(Tocan y cantan los músicos, y baila solo Bruno.)

| | |
|---|---|
| Músicos | «A caza va el caballero por los montes de París, la rienda en la mano izquierda, y en la derecha el neblí. Pensando va en su señora, que no la ha visto al partir, |

porque, como era casada,
estaba su esposo allí.
Como va pensando en ella,
olvidado se ha de sí.
Los perros siguen las sendas
entre hayas y peñas mil.
El caballo va a su gusto,
que no le quiere regir.
Cuando vuelve el caballero,
hallóse de un monte al fin.
Volvió la cabeza al valle
y vio una dama venir
en el vestido serrana,
y en el rostro serafín.»

(Sale Lisarda a bailar.)

   «Por el montecico sola,
¿cómo iré?
¡Ay Dios! ¿Si me perderé?
¿Cómo iré, triste, cuitada,
de aquel ingrato dejada?
Sola, triste, enamorada,
¿dónde iré?
¡Ay Dios! ¿Si me perderé?»

Músicos      «¡Donde vais, serrana bella,
por este verde pinar?
Si soy hombre y voy perdido,
mayor peligro lleváis.
—Aquí cerca, caballero,
me ha dejado mi galán,
por ir a matar un oso,
que ese valle abajo está.

—¡Oh mal haya el caballero
en el monte al lubricán
que a solas deja su dama
por matar un animal!
—Si os place, señora mía,
volved conmigo al lugar,
y porque llueve, podréis
cubriros con mi gabán.
—Perdido se han en el monte
con la mucha oscuridad;
al pie de una parda peña
el alba aguardando están.
La ocasión y la ventura
siempre quieren soledad.»

| | |
|---|---|
| Salvano | Siéntense, que han danzado lindamente. |
| Lisarda | Bruno, entretén un poco esos zagales; |
| | que llego a refrescarme a aquella fuente. |
| (Llégase a Otón.) | ¿Sois vos mi cortesano? |
| Otón | Labradora |
| | del alma, el mismo, y digo bien el mismo, |
| | pues en la corte tu belleza adora. |
| | ¿Qué haré por ti, donde conozcas cuánto |
| | te estima el alma que en tus ojos vive? |
| Lisarda | ¡Ay, por su vida! ¿Que me quiere tanto? |
| Otón | Ni la gracia del rey, ni cuanto puede |
| | dar el imperio sumo de la tierra |
| | a la imaginación que a todo excede, |
| | estimo como el pie con que floreces |
| | estos dichosos campos, nueva Flora, |

que con pisallo, de oro los guarneces.

Lisarda
  Si tiene ya el Amor determinado
que me burléis, ilustre caballero,
¿qué puedo hacer? Siniestro fue mi hado;
  mas ya que pude merecer quereros
tan sin razón, no dejaré de amaros;
pero, ¿cómo podré corresponderos?
  Yo no puedo serviros sin casarme;
y si vos no queréis casar conmigo,
¿a qué puedo, señor, aventurarme?
  Mi padre es labrador, pero es honrado;
no hay señor en París de tanta hacienda;
de mi dote es mi honor calificado.
  Yo no soy en lenguaje labradora;
que finjo cuando quiero lo que hablo
y me declaro como veis ahora.
  Sé escribir, sé danzar, sé cuantas cosas
una noble mujer en corte aprende,
y tengo estas entrañas amorosas.
  Pero quedaos con Dios; que es gran locura
persuadir imposibles a los hombres.

Otón
¿Cuándo tuvo imposibles la hermosura?
  Teneos, no os vais; que por el alto cielo
que habéis de ser mujer...

Lisarda
        Señor, dejadme.

Otón
...del mariscal Otón, y cumplirélo.

Lisarda
  ¿Y qué seguro de eso podéis darme?

Otón
Un papel de mi mano.

Lisarda                              ¿Y por papeles
queréis que yo me atreva a aventurarme?

Otón            ¿No tienen valor?

Lisarda                      El que se mira
en las veletas que los aires mudan.
No hay verdad en amor, todo es mentira.

Otón            ¿Y si vos la notáis con penas tales,
que me condene el cielo a pena eterna?

Lisarda     ¡Oh Amor, gran juntador de desiguales!
   Pero porque esta gente no presuma
—que en fin como villana es maliciosa—
de nuestro amor la referida suma,
   tomad aquesta llave, y en la huerta
de mi casa hallaréis por las espaldas
entre cuatro cipreses una puerta;
   entrad con ella, y aguardadme un poco
de unos mirtos cubierto con lo espeso.

Otón        Sospecho que queréis volverme loco.

Lisarda        Yo bajaré después a media noche
y hablaremos los dos secretamente.
¿Con quién y en qué vinisteis?

Otón                              En un coche.
Pero dejéle lejos de esta aldea.

Lisarda        Id donde digo, que nos van sintiendo.

(Apártase Lisarda.)

Otón             Allá os espero. ¿Quién habrá que crea,
Marín, mi dicha?

Marín                      ¿Es buen suceso todo?

Otón             ¡Notable!

Marín                Di.

Otón                    Pasó de aqueste modo.

(Vanse Otón y Marín.)

Feliciano         Dice Salvano bueno, que casemos
las mozas del lugar con los mancebos.

Bruno             Dice muy bien; que tiempo habrá de baile.

Feliciano         Mi padre y el alcalde al olmo vienen.

Costanza        No es poca novedad.

Feliciano                  Antes es mucha.

(Salen Juan Labrador y el Alcalde.)

Alcalde          ¡Bendígaos Dios, y qué os juntáis de mozos!

Juan              ¿Habrá lugar también para los viejos?

Costanza        El que le tiene en tantas voluntades
bien se podrá sentar donde quisiere.

| | |
|---|---|
| Juan | A fe, Costanza, que no pierdas nada<br>en tenérmela a mí. |
| Costanza | Saben los cielos<br>que quiero más tu vida que la mía. |
| Lisarda<br>(Aparte a Feliciano.) | Esto me huele a suegro, Feliciano. |
| Feliciano | ¡Pluguiera Dios, que pasará el verano! |
| Lisarda | Para todo hay sazón. |
| Feliciano | Por mejor tengo<br>a boca del invierno el casamiento. |
| Bruno | Comienza, pues, a casar<br>las mozas y los mancebos. |
| Fileto | A Costanza y Feliciano<br>pongo en el lugar primero. |
| Salvano | No lo oiga el viejo y se enoje. |
| Fileto | ¿Fáltale más que dinero<br>a Costanza? Pues, ¿qué importa,<br>si sobra tanto a su suegro? |
| Bruno | A Lisarda, ¿qué marido<br>osarás darle, Fileto? |
| Fileto | Pardiez que en todo el lugar<br>no le topo casamiento. |

Si ello se diera por gracias,
todos sabéis las que tengo
en tirar, saltar, correr,
y en danzas, bailes y juegos;
y cierto que, bien mirado,
aunque su padre es mi dueño
que no se perdiera nada
en darla a un hombre discreto.

Bruno          Siempre te oigo decir
               que eres discreto.

Fileto                          Profeso,
               en aquesta necedad,
               la necedad de este tiempo.
               No hay hombre ignorante, Bruno,
               que se confiese por necio.
               Verás competir los búhos
               con los halcones ligeros,
               las monas con las personas,
               con las águilas los cuervos,
               y unos pobres sacristanes
               con los músicos maestros.
               Mas dejando disparates
               de que el mundo está tan lleno,
               ¿a quién damos a Lisarda?

Bruno          Dásela a algún palaciego.

Fileto         ¡Malos años! Si mi amo
               oyera que tratáis de eso,
               nadie quedara en su casa.

Bruno          Pues dásela a un monasterio,

y casemos a Belisa.

Salvano     Ésa, ya veis que la quiero.

Bruno       ¿Cómo «quiero» siendo yo
            quien tantos favores tengo?

Salvano     Pues, cuéntense los favores
            y pierda el que tiene menos.

Fileto      Yo quiero ser el juez.

Salvano     Vaya.

Bruno               Comienzo el primero.
            A mí me dio por diciembre,
            estando al Sol en el cerro,
            seis bellotas de su mano,
            y me dijo: «Toma, puerco».

Fileto      Terrible es este favor.

Salvano     A mí una noche al humero,
            porque abrí mucho la boca,
            ....................... [ e-o]
            me dio en aquestas costillas
            cuatro palos con un bieldo.

Fileto      ¡Ése sí que fue favor,
            que le sintieron los huesos!

Salvano     Mejor le diré yo agora.
            Toda la noche de enero
            estuve al hielo a su puerta,

y al amanecer, abriendo
la ventana, me echó encima,
viéndome con tanto hielo,
una artesa de lejía.

Fileto                    ¿Muy caliente?

Salvano                              Estaba ardiendo.

Bruno                     Todo es risa ese favor.
                          Yendo al soto por febrero
                          Belisa con su borrica,
                          parió del pueblo tan lejos,
                          que topándome allí junto
                          me mandó alegre que luego
                          tomase el pollino en brazos
                          y se le llevase al pueblo.
                          Dos legas y más le truje,
                          diciéndole mil requiebros,
                          como si hablara con ella,
                          y aun él me dio algunos besos.

Fileto                    Ea, que ninguno gana.
                          A los dos os doy por buenos.
                          Caso a Amarilis con Lauso,
                          que ella es coja y él es tuerto,
                          y se irá lo uno por los otro.
                          Caso a Tirsa con Laurencio,
                          por ella es loca y él vano.

Bruno                     Dios les dé paz.

Fileto                              Duda tengo.
                          Caso a Dorena y Antón.

| | |
|---|---|
| Bruno | Es vieja. |
| Fileto | Es rica, y con eso<br>pasará Antón mocedades. |
| Bruno | Ni oírla ni verla puedo.<br>Han inventado los diablos<br>acá en Francia un uso nuevo,<br>de andar al mujer sin toca... |
| Fileto | No debe de haber espejos.<br>Las niñas pasen, son niñas;<br>pero unos sátiros viejos<br>que descubren más orejas<br>caídas que burro enfermo,<br>y otras que van por las calles<br>mostrando tanto pescuezo,<br>y las cuerdas cuando hablan<br>parecen fuelles de herrero,<br>y otras con mil costurones<br>de solimán mal cubierto,<br>y otras que el pescuezo muestran<br>como cortezas de queso,<br>¿por qué han de dejar las tocas? |
| Bruno | Por parecer niñas. |
| Fileto | ¡Bueno!<br>Como se cuentan los años<br>por el discurso del tiempo,<br>ya se han de contar en Francia<br>por arrugas de pescuezos.<br>La honestidad de la dama |

está en las tocas y velos.
Allí sí que juega el aire
bullicioso y lisonjero.
Yo sé que han dicho en París
que al parlamento han propuesto
contra pescuezos de viejas
mil querellas los cabellos.
Ya no hay cabello con toca.

Bruno        No te pudras, majadero.

Fileto       Sí quiero; que no soy bestia,
             supuesto que lo parezco.

Juan            Por cierto, mi Costanza, que quisiera,
             mirando tu humildad y tu hermosura,
             que este muchacho el rey del mundo fuera.
             Yo admiro tu belleza y tu cordura.
             Ya sabes que el dinero no me altera,
             no gracias al trabajo y la ventura,
             sino al cielo no más, que con su mano
             colma tanto el rincón de este villano.
                Pláceme de tratar el casamiento
             y de dotarte en treinta mil ducados.

Costanza     Tierra soy de tus pies.

Juan                               Vuelve a tu asiento,
             si no es que del asiento estáis cansados.

Lisarda      Ya es hora de cenar, y este contento
             será bien que resulte en los criados.

Juan         Vamos agora a casa.

| | |
|---|---|
| Alcalde | Feliciano, |
| | besa a señor por tal merced la mano. |
| | |
| Feliciano | No sé, señor, con qué palabras diga |
| | tu gran valor y entendimiento raro. |
| | |
| Juan | El de Costanza y tu humildad me obliga, |
| | mi voluntad en público declaro. |
| | |
| Bruno | ¿El casamiento? |
| | |
| Fileto | Sí. |
| | |
| Salvano | Todo se diga. |
| | ¡Cómo! Esto, ¿fue verdad? |
| | |
| Juan | Nunca reparo |
| | en pocas cosas. Digo que se haga |
| | fiesta que a todo el pueblo satisfaga. |
| | Dos toros quiero que corráis mañana. |
| | ¡Hola, Bruno! |
| | |
| Bruno | ¿Señor? |
| | |
| Juan | Busca dos toros |
| | fieros como leones. |
| | |
| Fileto | Fiesta es llana. |
| | |
| Bruno | Yo los traeré que despedacen moros. |
| | |
| Salvano | Pardiez que ha de salir mi partesana, |
| | y que no ha de quedar sangre en sus poros. |

| | |
|---|---|
| Alcalde | Haga mañana fiestas nuestra aldea. |
| Belisa | Que sea para bien. |
| Todos | Para bien sea. |

(Vanse. Sale el Rey en cuerpo.)

Rey
    No pienso que he negociado
poco en el dejar la gente
cenando al son de la fuente,
que cerca divide el prado.
¡Que me haya puesto en cuidado
un grosero labrador!
Pero no se sigue error
de ejecutar este gusto,
para que vea que es justo
ver rey y servir señor.
    Hubiera pocas historias
si pensamientos no hubiera,
con que la fama tuviera
en su tiempo estas memorias.
No todas añaden glorias
a un príncipe; que hay algunas
que porque son importunas
al gusto del poderoso,
no quiere estar envidioso
de las ajenas fortunas.
    Yo veré, Juan Labrador,
despacio tu pensamiento;
que de tus venturas siento
desprecios de mi valor.

(Sale Finardo.)

Finardo              ¿A dónde mandas, señor,
                            tenga el caballo mañana?

Rey                   Cuando de oro, azul y grana
                            se vista el cielo, Finardo,
                            en este bosque te aguardo,
                            y esto dirás a mi hermana.

Finardo              Diré que en el monte quedas
                            por matar un jabalí.

Rey                   Que tengo el puesto la di,
                            y tomadas las veredas;
                            y advierte bien que no excedas
                            átomo de lo tratado.

Finardo             Todo lo llevo en cuidado.

(Vase.)

Rey                   Y yo le tengo de ver
                            si tiene mayor poder
                            que la corona el arado.
                            Con diferente vestido
                            de mi profesión real,
                            vengo a ver este sayal,
                            de la majestad olvido.

(Vase. Salen Fileto y Juan Labrador. [Habla el Rey] dentro.)

Rey                   ¡Ah, de casa!

Fileto                          ¿Quién vocea?

Rey                  ¿Vive aquí Juan Labrador?

Fileto               Por ti preguntan, señor.

Juan                 ¿Quién quieres que ahora sea?

Fileto                  Quien es ya está en el portal.

Juan                 No se lleve alguna cosa;
                     que anda mucha gente ociosa
                     y que vive de hacer mal.

(Sale el Rey.)

Rey                     No soy de los que decís,
                     aunque os parezca extranjero,
                     porque soy un caballero
                     de los nobles de París.
                        Perdíme en esa montaña;
                     sé que sois rico y sois noble;
                     até mi caballo a un roble
                     por la oscuridad extraña,
                        y a la aldea vengo a pie
                     donde el cura me ha informado...

Juan                 El cura no os ha engañado.
                     Cena y posada os daré,
                        no como allá en vuestra casa
                     con platos y vanidad,
                     mas con mucha voluntad,
                     al modo que acá se pasa.
                        ¿Qué nombre tenéis?

**74**

| | |
|---|---|
| Rey | Dionís. |
| Juan | ¿Qué oficio o qué dignidad? |
| Rey | Alcaide de la ciudad<br>y los muros de París. |
| Juan | Nunca tal oficio oí. |
| Rey | Es merced que el rey me ha hecho,<br>por heridas que en el pecho,<br>sirviéndole recibí. |
| Juan | Habéis hecho cosa dina<br>de un hidalgo como vos.<br>Sentaos, mientras que a los dos<br>nos dan de cenar. Camina,<br>Fileto, a mis hijos llama. |
| (Vase Fileto.) | Tomad esa silla, os ruego. |
| Rey | Sentaos vos; que tiempo hay luego. |
| Juan | ¡Qué cortesano de fama!<br>Sentaos; que en mi casa estoy,<br>y no me habéis de mandar;<br>yo sí que os mando sentar<br>que en ella esta silla os doy<br>y advertid que habéis de hacer,<br>mientras en mi casa estáis,<br>lo que os mandare. |
| Rey | Mostráis<br>un hidalgo proceder. |

| Juan | Hidalgo no; que me precio |
| | de villano en mi rincón; |
| | pero en él será razón |
| | que no me tengáis por necio. |

| Rey | Si a París vais algún día, |
| | buen amigo, os doy palabra |
| | que el alma y la puerta os abra |
| | en amor y hacienda mía, |
| | por veros tan liberal. |

| Juan | ¿A París? |

| Rey | Pues, ¿qué decís? |
| | ¿No iréis tal vez a París |
| | a ver la casa real? |

| Juan | ¿Yo a París? |

| Rey | ¿No puede ser? |

| Juan | ¡De ningún modo, por Dios! |
| | Si allá os he de ver a vos, |
| | en mi vida os pienso ver. |

| Rey | Pues, ¿qué os enfada de allá? |

| Juan | No haber salido de aquí |
| | desde el día en que nací, |
| | y que aquí mi hacienda está. |
| | Dos camas tengo, una en casa, |
| | y otra en la iglesia; éstas son |
| | en vida y muerte el rincón |

donde una y otra se pasa.

Rey        Según eso, en vuestra vida
debéis de haber visto al rey.

Juan      Nadie ha guardado su ley,
ni es de alguno obedecida
como del que estáis mirando;
pero en mi vida le vi.

Rey        Pues yo sé que por aquí
pasa mil veces cazando.

Juan      Todas esas me he escondido
por no ver el más honrado
de los hombres en cuidado;
que nunca le cobré olvido.
Yo tengo en este rincón
no sé qué de rey también;
mas duermo y como más bien.

Rey        Pienso que tenéis razón.

Juan      Soy más rico, lo primero,
porque de tiempo lo soy;
que solo si quiero estoy,
y acompañado, si quiero.
Soy rey de mi voluntad,
no me la ocupan negocios,
y ser muy rico de ocios
es suma felicidad.

Rey (Aparte.)    (¡Oh, filósofo villano!
Mucho más te envidio agora.)

Juan

Yo me levanto a la aurora,
si me da gusto, en verano,
   y a misa a la iglesia voy
donde me la dice el cura;
y aunque no me la procura,
cierta limosna le doy,
   con que comen aquel día
los pobres de este lugar.
Vuélvome luego a almorzar.

Rey

¿Qué almorzáis?

Juan

                Es niñería;
   dos torreznillos asados,
y aún en medio algún pichón,
y tal vez viene un capón
si hay hijos ya levantados;
   trato de mi granjería
hasta las once; después
comemos juntos los tres.

Rey (Aparte.)

(Conozco la envidia mía.)

Juan

   Aquí sale algún pavillo
que se crió de migajas
de la mesa, entre las pajas
de ese corral, como un grillo.

Rey

   A la Fortuna los pone
quien de esa manera vive.

Juan

Tras aquesto se apercibe
—el rey, señor, me perdone—

una olla, que no puede
comella con más sazón;
que en esto, nuestro rincón
a su gran palacio excede.

Rey            ¿Qué tiene?

Juan                        Vaca y carnero
y una gallina.

Rey                        ¿Y no más?

Juan            De un pernil —porque jamás
dejan de sacar primero
   esto— verdura y chorizo,
lo sazonado os alabo.
En fin, de comer acabo
de alguna caja que hizo
   mi hija, y conforme al tiempo,
fruta, buen queso y olivas.
No hay ceremonias altivas
truhanes ni pasatiempo,
   sin algún niño que alegra
con sus gracias naturales;
que las que hay en hombres tales
son como gracias de suegra.
   Éste escojo en el lugar,
y cuando grande, le doy
conforme informado estoy,
para que vaya a estudiar,
   o siga su inclinación
de oficial o cortesano.

Rey (Aparte.)    (No he visto mejor villano

para estarse en su rincón.)

Juan
　　　Después que cae la siesta,
tomo una yegua, que al viento
vencerá por su elemento,
dos perros y una ballesta;
　y, dando vuelta a mis viñas,
trigos, huertas y heredades,
porque éstas son mis ciudades,
corro y mato en sus campiñas
　un par de liebres, y a veces
de perdices; otras voy
a un río en que diestro estoy
y traigo famosos peces.
　　Ceno poco, y ansí a vos
poco os daré de cenar,
con que me voy a acostar
dando mil gracias a Dios.

Rey
　　　Envidia os puedo tener
con una vida tan alta;
mas solo os hallo una falta
en el sentido del ver.
　　Los ojos, ¿no han de mirar?
¿No se hicieron para eso?

Juan
Que no les niego, os confieso,
cosa que les pueda dar.

Rey
　　　¿Qué importa? ¿Cuál hermosura
puede a una corte igualarse?
¿En qué mapa puede hallarse
más variedad de pintura?
　　Rey tienen los animales,

y obedecen al león;
las aves, porque es razón,
a las águilas caudales.
    Las abejas tienen rey,
y el cordero sus vasallos,
los niños rey de los gallos;
que no tener rey ni ley
    es de alarbes inhumanos.

Juan     Nadie como yo le adora,
ni desde su casa ahora
besa sus pies y sus manos
    con mayor veneración.

Rey      ¿Sin verle, no puede ser
que se pueda echar de ver?

Juan     Yo soy rey de mi rincón;
    pero si el rey me pidiera
estos hijos y esta casa,
haced cuenta que se pasa
adonde el rey estuviera.
    Pruebe el rey mi voluntad,
y verá qué tiene en mí;
que bien sé yo que nací
para servirle.

Rey          En verdad,
    si necesidad tuviese,
¿prestaréisle algún dinero?

Juan     Cuanto tengo, aunque primero
tres mil afrentas me hiciese;
    que del señor soberano

|  | es todo lo que tenemos, |
|---|---|
|  | porque a nuestro rey debemos |
|  | la defensa de su mano. |
|  |    Él nos guarda, y tiene en paz. |
| Rey | Pues, ¿por qué dais en no ver |
|  | a quien noble os puede hacer? |
| Juan | No soy de su bien capaz, |
|  |   ni pienso yo que en mi vida |
|  | pues haber felicidad |
|  | como es esta soledad. |

(Sale Fileto.)

| Fileto | La cena está apercibida. |
|---|---|
| Juan |   Metan la mesa, y dirás |
|  | a Lisarda y a Belisa |
|  | que echen sábanas aprisa |
|  | donde sabéis, y no más; |
| (Vase Fileto.) |   que, por la bondad de Dios, |
|  | habrá bien donde durmáis. |
| Rey | En alto descanso estáis. |
| Juan | Tal le pedid para vos. |

(Salen Fileto y villanos, que sacan la mesa y traen platos y cubiertos. Músicos.)

| Fileto | La mesa tienes aquí. |
|---|---|
| Juan | A ella os podéis llegar. |

Rey                Aquí me quiero asentar.

Juan             No estáis bien, hidalgo, ahí;
                        poneos a la cabecera.

Rey                Eso no.

Juan                   En mi casa estoy,
obedecedme; que soy
el dueño.

Rey                       Más justo fuera
                    que yo estuviera a los pies.

Juan             Haced lo que os he mandado;
que del dueño que es honrado,
siempre el que es huésped lo es;
  y por ruin que el huésped sea,
siempre el dueño le ha de dar
por honra el mejor lugar.

Rey (Aparte.)    (¿Habrá quien aquesto crea?)

Juan               Mientras comemos, podréis
cantarle alguna canción.

Rey (Aparte.)    (¡Buen villano y buen rincón!)
¿Música también tenéis?

Juan               Es rústica. Comenzad.

(Salen Lisarda, Costanza y Feliciano.)

Rey            ¿Quién son aquestas señoras?

Juan           No señoras, labradoras
               de esta aldea las llamad.
                  Ésta es mi hija, y aquélla
               mi sobrina, y ha de ser
               de ese muchacho mujer.

Rey            Cualquiera en extremo es bella.

Juan              Cenad; que no es cortesía
               ni el alabar ni el mirar
               lo que el dueño no ha de dar.

Rey            Por servirlas lo decía.

Juan              Servid vuestra boca agora
               de lo que a la mesa está;
               que en vuestra casa no habrá
               por dicha mejor señora.

([Habla Lisarda] aparte a Feliciano.)

Lisarda           Notablemente parece,
               Feliciano, este mancebo,
               al rey.

Feliciano            Un milagro nuevo
               de Naturaleza ofrece.
                  Pero engáñase la vista
               mirando con religión
               al rey.

Costanza             Y tiene razón;

que, ¿hay luz que al mirar resista
en la presencia de un rey?

Rey        Beber, buen huésped, quisiera.

Juan       Pedidlo; que yo bebiera
si sed tuviera.

Lisarda                        Y es ley
que a huésped tan principal
le lleve de beber yo.

Bruno      ¿Cantaremos?

Rey                         ¿Por qué no?
Que éste es convite real.

Músicos      «¡Cuán bienaventurado
aquél puede llamarse justamente,
que, sin tener cuidado
de la malicia y lengua de la gente
a la virtud contraria,
la suya pasa en vida solitaria!
    Caliéntase el enero
alrededor de sus hijuelos todos,
a un roble ardiendo entero,
y allí contando de diversos modos
de la extranjera guerra,
duerme seguro y goza de su tierra.»

Juan         Alzad la mesa; que es tarde
y querrá el huésped dormir.
Pero dejadme decir,
aunque un momento se aguarde,

mi oración.

Rey (Aparte.)                    (¡Qué labrador!)

Juan               Gracias os quiero ofrecer,
                   pues que me dais de comer,
                   sin merecerlo, Señor.

Rey                ¡Breve oración!

Juan                           Comprende
                   más de lo que vos pensáis.
                   Bien es que a acostaros vais;
                   que es tarde y el sueño ofende.
                      Quedad con Dios; que al aurora
                   yo mismo os despertaré.

(Vanse todos menos el Rey, Lisarda y Belisa. Meten la mesa.)

Rey (Aparte.)      (Ya el filósofo se fue.)
                   Un poco aguardad, señora.

Lisarda               Belisa os descalzará.
                   No me tengáis, por mi vida.

Rey                ¿No es cortesía que pida
                   que me descalcéis?

Lisarda                        Será.

Belisa                Yo, señor, me quedaré
                   a descalzaros aquí.

Rey                Antes si os vais, para mí

**86**

será más merced.

Belisa                          Sí, haré.

(Vase.)

Rey                  Oíd.

Lisarda                  ¿Qué?

Rey                          La mano os pido.

Lisarda            ¿La mano?

Rey                      La mano quiero.

Lisarda            A fe que sois, caballero,
                   para huésped atrevido;
                     pero debéis de saber
                   de aquesto de adivinar.

Rey                Pues eso quiero mirar.

Lisarda            Pues eso no habéis de ver.

Rey                    ¿Y si me caso con vos?

Lisarda            ¡Qué presto los cortesanos
                   se casan y pidan manos!
                   ¡Facilitos son, por Dios!
                     Y es que deben de pensar,
                   como acá somos villanas,
                   que nos han de dejar llanas
                   con solo nombrar casar.

Acuéstese su merced.
Santígüese muy atento
contra cualquier pensamiento.

Rey               Oíd, esperad, tened.

Lisarda        Suelte; que el diablo me lleve
si no le dé un mojicón.
¡A villana en su rincón
de esa manera se atreve!
    ¡Arre allá con treinta erres!

Rey               No hay quien sin rincón esté.
Oye, escucha...
(Vase Lisarda.)          Ya se fue.
Pues si te vas, no me cierres.

(Cierra Lisarda la puerta por dentro.)

Aquésta, ¿es casa encantada?
¿Qué es esto, Dios? ¿Dónde estamos?
¿Qué filosofía es ésa?
¿En qué laberinto he dado?
¿Cómo me he metido aquí?
¡Hola, gente! ¿Con quién hablo?
Que es ésta la cama pienso.

(Sale Costanza.)

Costanza       ¿Qué dais voces? ¿Mandáis algo?

Rey               ¿Es ésta mi cama?

Costanza              Sí,

|  | muy bien podéis acostaros. |
|---|---|
| Rey | Pues entretenedme un poco;<br>que soy hombre de regalo. |
| Costanza | Entreténgale una fiera<br>de las que andan por el campo. |
| Rey | Escucha. |
| Costanza | ¿Qué he de escuchar?<br>¡Valga el diablo el cortesano! |

(Vase.)

| Rey | ¡Bueno me ponen, por Dios!<br>Extrañas burlas me paso.<br>Quiero acostarme; que temo<br>que entren también los villanos.<br>Mas, ¿si me acuesto y es ésta<br>de alguno que está en el campo,<br>y viene a acostarse a oscuras? |
|---|---|

(Sale Belisa.)

| Belisa | ¿Qué manda, señor hidalgo.<br>que da voces a tal hora? |
|---|---|
| Rey | Hállome aquí tan extraño,<br>que no sé adónde me acueste. |
| Belisa | Pues, ¿qué os falta? |
| Rey | Algún criado. |

| Belisa | Debéis de ser melindroso. |
| | Por ventura, ¿tenéis asco? |
| | Pues allá no habrá colchones |
| | ni tan limpios ni tan blancos. |
| | Échase su porquería. |
| | ¡Valga el diablo el cortesano! |

| Rey | Descalzadme vos. |

| Belisa | ¡Qué lindo! |
| | Duerma una noche calzado. |

(Vase.)

| Rey | Tomar quiero su consejo. |
| | Paréceme, y no me engaño, |
| | que detrás de estas cortinas |
| | tose un hombre. Pues, ¿qué aguardo? |
| | Sacaré la espada. |

(Sale Otón de la alcoba.)

| Otón | Tente, |
| | tente. |

| Rey | ¡Otón! ¡Extraño caso! |
| | ¡Otón detrás de la cama! |

| Otón | Oye la causa. |

| Rey | ¿Qué tardo |
| | en darte la muerte? |

| | |
|---|---|
| Otón | Escucha, |
| | señor; que no estoy culpado. |
| | |
| Rey | Pues, ¿cómo has venido aquí? |
| | |
| Otón | ¿Quién hubiera imaginado, |
| | oh, famoso Ludovico, |
| | rey de los lirios dorados, |
| | que aquí esta noche durmieras? |
| | |
| Rey | Aqueste villano sabio |
| | me ha traído a conocerle |
| | en hábito disfrazado. |
| | Ser cazador he fingido |
| | de esta manera pensando |
| | oír de su misma boca |
| | tan notables desengaños. |
| | |
| Otón | Pues a mí me trujo Amor. |
| | |
| Rey | ¿Aquí estás enamorado? |
| | |
| Otón | Sí, señor. |
| | |
| Rey | ¿Es de Lisarda? |
| | |
| Otón | Pues su hermosura me abraso. |
| | Habléla junto a aquel olmo |
| | aquesta noche bailando, |
| | diome una llave, y entré |
| | para hablar de espacio entrambos, |
| | en la huerta de su casa. |
| | Pero como tú has llegado |
| | y anda todo de revuelta, |

|        |                              |
|--------|------------------------------|
|        | fue esconderme necesario,    |
|        | y yo me he metido aquí       |
|        | por no hallar otro sagrado.  |

Rey             ¿Que a Lisarda quieres bien?

Otón           ¿parécete gran milagro
siéndolo su ingenio y rostro?

Rey             Entra, hablaremos de espacio
sobre tu intención en esto,
y tú sabrás qué milagro
me trujo adonde he venido
a ver, siendo rey tan alto,
el villano en su rincón,
pues no ve al rey el villano.

Fin de la segunda jornada

## Jornada tercera

(Salen Fileto, Bruno y Salvano, con unas varas.)

| | |
|---|---|
| Fileto | Hogaño hay linda bellota. |
| Bruno | Lindos puercos ha de haber. |
| Salvano | La que ya pensáis comer<br>parece que os alborota. |
| Fileto | A lo menos, la aceituna<br>que habemos de varear,<br>no deja que desear. |
| Bruno | No he visto mejor ninguna. |
| Salvano | Comenzad a sacudir;<br>que a fe que tenéis qué hacer. |
| Fileto | Llegue quien ha de coger. |
| Bruno | Mucho tardan en venir. |
| Fileto | Por el repecho del prado<br>nuesama y sus primas vienen. |
| Bruno | ¡Verá el reliente que tienen! |
| Fileto | ¿Cantan? |
| Salvano | Sí. |
| Bruno | ¡Lindo cuidado! |

(Salen Costanza y Belisa, con varas, [y] villanos y músicos. Cantan.)

Músicos  «¡Ay, Fortuna,
cógeme esta aceituna!
    Aceituna lisonjera,
verde y tierna por de fuera,
y por de dentro madera,
fruta dura e importuna.
    ¡Ay, Fortuna,
cógeme esta aceituna!
    Fruta en madurar tan larga
que sin aderezo amarga;
y aunque se coja una carga,
se ha de comer sola una.
    ¡Ay, Fortuna,
cógeme esta aceituna!»

Fileto  ¿Es para hoy el venir?

Salvano  ¡Qué bien se hará el varear
con cantar y con bailar!

Lisarda  Comencemos a reñir,
    ¡por vida de los lechones!

Salvano  Más no valiera callar.

Bruno  Hoy es día de cantar
y no de malas razones.
    Mi instrumento traigo aquí,
y a todas ayudaré.

Lisarda  También yo de burla hablé.

| | |
|---|---|
| Costanza | Todos lo entienden ansí. |
| |    Esténse las aceitunas |
| | por un rato entre sus hojas, |
| | y templemos las congojas |
| | de algún disgusto importunas; |
| |    ansí Dios os dé placer. |
| | |
| Belisa | Bien dice, pues nadie aguarda. |
| | |
| Costanza | ¿De qué estás triste, Lisarda? |
| | |
| Lisarda | No veo y quisiera ver. |
| | |
| Costanza |    Ya te entiendo; pero advierte |
| | que el bien que no ha de venir |
| | es discreción divertir. |
| | |
| Lisarda | Antes el mal se divierte. |
| |    Vaya, Tirso, una canción |
| | y bailaremos las tres. |
| | |
| Bruno | Vaya, pues habrá después |
| | para la vara ocasión. |
| | |
| (Cantan.) | |
| | |
| Músicos |    «Deja las avellanicas, moro, |
| | que yo me las varearé— |
| | tres y cuatro en un pimpollo, |
| | que yo me las varearé. |
| |    Al agua de Dinadámar, |
| | que yo me las varearé— |
| | allí estaba una cristiana, |

que yo me las vareará—
cogiendo estaba avellanas,
que yo me las vareará—
el moro llegó a ayudarla,
que yo me las vareará—
y respondióle enojada,
que yo me las vareará—
deja las avellanicas, moro,
que yo me las vareará—
tres y cuatro en un pimpollo,
que yo me las vareará.

    Era el árbol tan famoso,
que yo me las vareará—
que las ramas eran de oro,
que yo me las vareará—
de plata tenía el tronco,
que yo me las vareará—
hojas que le cubren todo,
que yo me las vareará—
eran de rubíes rojos,
que yo me las vareará.
Puso el moro en él los ojos,
que yo me las vareará—
quisiera gozarle solo,
que yo me las vareará—
mas díjole con enojo,
que yo me las vareará—
deja las avellanicas, moro,
que yo me las vareará—
tres y cuatro en un pimpollo,
que yo me las vareará.»

Salvano        Quedo; que he vido venir
                por en somo de la cuesta

gente, a lo de corte apuesta.

Fileto               Bien os podéis encubrir;
                          que a la fe que es gente honrada.

Lisarda              Ponte, Costanza, el rebozo;
                          que yo me muero de gozo.
(Aparte.)          (Y tengo el alma turbada.)

(Pónense los rebozos las tres.)

Bruno                  Haya un poquito de grita.

Salvano             «Vaya» en la corte se llama.

(Salen Otón y Marín.)

Marín                Aquí hay villanas de fama.

Otón                 Alguna, Marín, me quita
                          el alma y la libertad.

Bruno                 ¿Adónde van los jodíos?

Marín                A buscaros, deudos míos,
                          para haceros amistad.

Fileto               Por donde quiera que fueres,
                      te alcance la maldición
                      de Gorrón y Sobirón
                      con agujas y alfileres.
                        Dente de palos a ti,
                      y otros tantos a tu mozo.

([Habla Otón] a Lisarda.)

Otón            ¡Ah, reina, la del rebozo!

Lisarda         ¡Oh, qué lindo! ¡Reina a mí!

Bruno             Mala pascua te dé Dios,
                y luego tan mal San Juan
                que te falte vino y pan
                y tengas catarro y tos.
                  Dolor de muelas te dé
                que no te deje dormir.

Otón            ¿Cómo queréis encubrir
                Sol que por cristal se ve?

Lisarda           Id, señor, vuestro camino,
                y dejadnos varear.

Otón            Pues yo, ¿no os sabré ayudar?

Lisarda         ¿Ayudar? ¡Qué desatino!
                  Tenéis muy blandas las manos.

Otón            ¿Habéislas tocado vos?

Salvano         Que vos venga, plegue a Dios,
                muermo, adivas y tolanos.
                  Mala pedrada vos den,
                echen os sendas ayudas,
                y vais a cenar con Judas
                por «saeculorum, amén».

([Habla Marín] a Belisa.)

| | |
|---|---|
| Marín | ¿Quiere una palabra oír? |
| Belisa | Pues, ¡él a mí, majadero! |
| Marín | ¿No soy yo de carne y cuero? |
| Belisa | De cuero puede decir. |

(A su prima.)

| | |
|---|---|
| Costanza | ¡Ay, Lisarda! ¡Feliciano! |
| Lisarda | ¡Mi padre viene con él! |
| Costanza | Yo me voy. |
| Lisarda | ¿Qué temes de él? |
| Costanza | Es muy celoso tu hermano. |

(Vase. Salen Juan Labrador y Feliciano.)

| | |
|---|---|
| Feliciano | Un hombre está con nuestra gente. |
| Juan | Y hombre<br>de no poco valor en la presencia. |
| Lisarda | Por ti pregunta aqueste gentilhombre. |
| Juan | ¿Mandáis alguna cosa en que os sirvamos? |
| Otón | Señor Juan Labrador, vos sois persona<br>que merecéis del rey aquesta carta, |

|  | y que os la traiga el mariscal de Francia. |
|---|---|
| Juan | ¡El rey a mí! Los pies, señor, le beso, |
|  | y a vos las manos, y ¡ojalá las mías |
|  | siquiera fueran dignas de tocallas! |
|  | A presumir mis padres que algún día |
|  | a su hijo su rey le escribiría, |
|  | para tomarla en estas rudas manos |
|  | me enseñaran a guantes cortesanos. |
|  | Póngola en mi cabeza. Tú que tienes |
|  | mejor vista, la lee, Feliciano. |
| Feliciano | La carta dice así. |
| Belisa | ¿Qué será aquesto? |
| Fileto | ¿Si quiere algún lechón? |
| Salvano | ¿No eres más cesto? |
| (Lee.) | |
| Feliciano | «El alcaide de París me ha dicho que cenando |
|  | con vos una noche le dijisteis que me |
|  | prestaríades, si tuviese necesidad, cien mil |
|  | escudos; yo la tengo, pariente. Hacedme servicio |
|  | que el mariscal los traiga. Dios os guarde.» |
| Juan | ¿«Pariente» dice el rey? |
| Feliciano | ¿De qué te espantas? |
|  | Quien pide siempre engaña con lisonjas. |
| Juan | Lo que dije esa noche, que la hacienda |

le daría y los hijos. Cumplirélo.
Venid por el dinero.

Otón                                    Estad seguro
que no le perderéis.

Juan                                    Yo no procuro
mayor satisfacción que su servicio,
porque el suyo es mandar, servir mi oficio.

(Vanse Juan y Otón.)

Fileto          Con ellos voy.

Lisarda                      Y yo también, Belisa.

Belisa          El ánimo del viejo me ha espantado.

Salvano         ¿Qué os parece de aquesto que ha pasado?

Fileto          Que el villano que se hace caballero
merece que le quiten su dinero.

(Vanse. Salen el Rey y Finardo.)

Rey               Yo quise ser el tercero
de los amores de Otón;
que tierno en esta ocasión,
Finardo, le considero.
    Mas t juro que en mi vida
pensé turbarme, de ver
cosa que pudiese ser
de improviso sucedida,
    como al tiempo que salió

de las cortinas y dijo
«Detente» Otón.

Finardo                    El prolijo
discurso a mí me contó,
  con que vino a merecer
la discreta labradora,
que quiere engañar agora
a título de mujer.

Rey          No hará; que es el mariscal
hombre bien intencionado,
y el labrador tan honrado
que en nada le es desigual.

Finardo      Mucho, señor, ha sabido
de las costumbres de Otón;
pero amando, no hay razón.

Rey          Daréme por ofendido
  de lo que a Juan Labrador
se le siguiere de agravio.
Mas yo sé que Otón es sabio
y mirará por su honor.

Finardo      No hay cosa más inconstante
que el hombre.

Rey                    Dices verdad,
porque en esa variedad
a ninguno es semejante.
  Admiraba a Filemón,
filósofo de gran nombre,
ver tan diferente al hombre

y era con mucha razón.
   Decía que en su fiereza
los animales vivían;
pero que solo tenían
una igual naturaleza.
   Todos los leones son
fuertes, y todas medrosas
las liebres, y las raposas
de una astuta condición;
   toda las águilas tienen
una magnanimidad,
todos los perros lealtad,
siempre con su dueño vienen.
   Todas las palomas son
mansas, los lobos voraces;
pero en los hombres, capaces
de la divina razón,
   verás variedad de suerte
que uno es cobarde, otro fiero,
uno limpio, otro grosero,
uno falso y otro fuerte,
   uno altivo, otro sujeto,
uno presto y otro tardo,
uno humilde, otro gallardo,
uno necio, otro discreto,
   uno en extremo leal,
y otro en extremo traidor,
uno compuesto y señor,
y otro libre y desigual.
   Otón mire bien por sí,
cumpliendo su obligación;
que me quejaré de Otón
de otra manera.

| | |
|---|---|
| Finardo | Te oí<br>aborrecer al villano<br>y hablar de su pertinacia.<br>¿Por dónde vino a tu gracia? |
| Rey | Porque toqué con la mano<br>el oro de su valor,<br>cuando en su rincón le vi;<br>que ya por él y por mí<br>pudiera decir mejor<br>lo que de Alejandro griego<br>y Diógenes, el día<br>que le vio cuando tenía<br>casa estrecha, Sol por fuego.<br>Dijo que holgara de ser<br>Diógenes, si no fuera<br>Alejandro. Y yo pudiera<br>esto mismo responder,<br>y con ocasión mayor,<br>porque, a no ser rey de Francia,<br>tuviera por más ganancia<br>que fuera Juan Labrador. |

(Sale Otón.)

| | |
|---|---|
| Otón | Ya, gran señor, en Miraflor he dado<br>la carta al labrador. |
| Rey | ¿Qué ha respondido? |
| Otón | Que te dijo verdad aquel alcaide<br>de París. Yo no sé qué alcaide sea.<br>Y que allí queda a tu servicio todo<br>hasta sus mismo hijos. |

**104**

| Rey | ¿Dio el dinero? |
|---|---|

Otón

En famosas coronas de oro puro;
y, sin este dinero, te presenta
doce acémilas tales, que te juro
que dan admiración a quien las mira.
Diome aparte un cordero que te diese,
vivo y con un cuchillo a la garganta,
y trújele, señor, por darte gusto.

Rey

¿Cordero vivo con cuchillo atado?

Otón

De esta manera el corderillo viene.

Rey

Pues no es sin causa, algún sentido tiene.
Mas mira, Otón, que quiero que al instante
le lleves esta carta al mismo.

Otón

¿Agora?

Rey

Agora, pues.

Otón

¿Escrita la tenías?

Rey

Pues te la doy, bien ves que escrita estaba.

Otón

¿Importa diligencia?

Rey

Importa mucho,
y yo sé, Otón, que con tu gusto vuelves.

Otón

Yo confieso, señor, que voy con gusto,
porque tenerle de servirte gusto.

| | |
|---|---|
| Rey | Camina, y mira cómo vas y vienes; |
| | que aunque llevas placer, peligro tienes. |

| | |
|---|---|
| Otón | ¿Peligro yo, señor? |

| | |
|---|---|
| Rey | Búrlome agora. |

| | |
|---|---|
| Otón (Aparte.) | (Celos son de mi hermosa labradora.) |

(Vanse Otón y Finardo.)

Rey               La vida humana, Sócrates decía,
cuando estaba en negocios ocupada,
que era un arroyo en tempestad airada,
que turbio y momentáneo discurría.
   Y que la vida del que en paz vivía
era como una fuente sosegada,
que, sonora, apacible y adornada
de varias flores, sin cesar corría.
   ¡Oh vida de los hombres diferente,
cuya felicidad estima el bueno,
cuando la libertad del alma siente!
   Negocios a la vista son veneno.
¡Dichoso aquél que vive como fuente,
manso, tranquilo, y de turbarse ajeno!

(Vase. Salen Juan Labrador y Feliciano.)

Juan             Hijo, en haberte casado
con mi Costanza, aunque hermosa,
más por ser tan virtuosa,
borré del alma un cuidado.
   La fiestas hice a tus bodas,

que algún príncipe envidió,
porque para serlo yo,
me sobran las cosas todas,
   si me falta la nobleza;
que ésta, ansí tenga salud,
que la he puesto en la virtud
harto más que en la riqueza.
   ¡Gracias al cielo por todo!
Yo quisiera descansar,
si verdad te digo, y dar
a mis cuidados un modo;
   de los cuales la mitad
es ver sin dueño a tu hermana,
y pasando la mañana
de su más florida edad.
   Así, piensa —y Dios te guarde—
un marido, si tú quieres.
Mira que ya las mujeres
no quieren casarse tarde,
   Antiguamente, me acuerdo,
cuando mi abuelo vivía,
que el tiempo que allí corría
era más prudente y cuerdo.
   Casábase en nuestra aldea
un hombre de treinta y siete
años, edad que promete
que sabio y prudente sea.
   La mujer, no sin tener
treinta bien hechos; mas ya
de veinte el hombre lo está,
y de doce la mujer.
   Y está muy en la razón;
que nuestra naturaleza
ha venido a tal flaqueza.

Feliciano (Aparte.)    (Cansados los viejos son.
                          Luego nos dan con su edad.
                       Cuanto ha pasado es mejor.)

Juan                   Elige algún labrador
                       a quien tengas voluntad,
                         y casemos a Lisarda;
                       que siempre mal ha sufrido
                       de sus padres el olvido
                       mujer hermosa y gallarda.

Feliciano                Yo, señor, tan altos veo
                       sus pensamientos y galas,
                       que no me atrevo a las alas
                       de su atrevido deseo.
                         No hallo en esta comarca
                       digno labrador de ser
                       marido de esta mujer,
                       ni en cuanto la sierra abarca.
                         Uno está haciendo carbón,
                       otro guarda su ganado,
                       otro con el corvo arado
                       rompe al barbecho el terrón.
                         Aquél es rudo y grosero,
                       el otro rústico y vil.
                       Para moza tan gentil
                       mejor fuera un caballero.
                         Hacienda tienes, repara
                       en que Lisarda...

Juan                              Detente.
                       Si no quieres que me cuente
                       por muerto, la lengua para.

¿Yo, señor? ¿Yo caballero?
¿Yo ilustre yerno?

Feliciano                                    ¿Pues no?
¿Para qué el cielo te dio
tal cantidad de dinero?
   Carece de entendimiento
—perdóname, padre, ahora—
quien en algo no mejora
su primero nacimiento.
   Mas vesla, señor, ahí;
ella te dirá su gusto.

Juan              Mejor dirás mi disgusto,
si tiene el que miro en ti.

(Salen Lisarda, Bruno y Fileto.)

Lisarda              Digo que le pediré
que os honre en esto a los dos.

Bruno              Pidiéndolo tú, por Dios,
que no lo niegue.

Lisarda                              No sé.

Juan              Lisarda...

Lisarda                      Padre y señor,
basta, que aquestos pastores
quieren las fiestas mayores
cuanto es la ocasión mayor.

Juan              ¿Cómo ansí?

| | |
|---|---|
| Lisarda | Porque han sabido<br>que tienes un nieto ya. |
| Juan | ¿Búrlaste? |
| Lisarda | Cierto será,<br>si Constanza no ha mentido. |
| Juan | ¿Qué es lo que dice Costanza? |
| Lisarda | Que está preñada a la ve. |
| Juan | Si fuere cierto, daré<br>albricias de la esperanza;<br>   mas para fiestas, bien pueden<br>hacerlas al pensamiento<br>que me da tu casamiento,<br>si los tuyos me conceden<br>   que pueda yo disponer<br>de tu esquiva condición. |

(Sale Marín.)

| | |
|---|---|
| Marín | De parte del rey, Otón<br>te vuelve otra vez a ver. |
| Juan | ¿Otón otra vez? |
| Feliciano | ¿Qué quiere<br>otra vez el rey de ti? |
| Lisarda | Confusa estoy. |

| | |
|---|---|
| Juan | Yo sin mí; |
| | mas venga lo que viniere. |

(Sale Otón.)

| | |
|---|---|
| Otón | ¿Quién duda que os espante mi venida |
| | y otra carta del rey? |
| Juan | Tantos favores |
| | no me pueden dejar de dar espanto. |
| | Léela, Feliciano, por tu vida. |
| Otón | Seáis, Lisarda, bien hallada. |
| Lisarda | El cielo |
| | traiga con bien a vuestra señoría. |
| Bruno | ¡Hola, Fileto! El rey se ha regostado |
| | a los escudos de nuestro amo. |
| Fileto | Pienso |
| | que quiere empobrecerle de malicia. |
| Feliciano | La carta dice ansí. |
| Bruno | Y eso, ¿es justicia? |

(Lee.)

Feliciano     «Hoy me he acordado que el alcaide de París me dijo que, si fuese necesario, me serviríades con vuestros hijos; ahora son a mi servicio y gusto. Ansí os mando que luego al punto me los enviéis con Otón. Dios os guarde, pariente. Yo el rey.»

| | |
|---|---|
| Juan | ¿Mis hijos pide? |
| Otón | Vuestros hijos pide. |
| Juan | ¿Para la corte? |
| Otón | Sí, para la corte. |
| Juan | ¿Quién es aqueste alcaide que a mi casa<br>vino por mi desdicha aquella noche,<br>que de mí tantas cosas le ha contado? |
| Feliciano | Padre, no os aflijáis. |
| Juan | Lo que es dinero<br>no pudiera afligirme; mas, ¡los hijos! |
| Lisarda | El rey tiene este gusto, el valor tuyo<br>no es bien que pierda aquí de lo que vale. |
| Juan | ¡Eso sí! Yo aseguro que vosotros<br>no tengáis tal placer ni mejor día.<br>Cumplido se han aquí vuestros deseos.<br>Solo un rey me pudiera mandar esto,<br>y sola mi desdicha darle causa.<br>Ya declina conmigo la Fortuna,<br>porque ninguno puede ser llamado<br>hasta que muere, bienaventurado.<br>Al rey obedezcamos; que por dicha<br>ésta mi condición me pone miedo,<br>pues no puedo esperar de tan gran príncipe<br>menos que su real nombre promete. |

| | |
|---|---|
| Otón | Estad seguro, Juan, que por bien suyo,<br>y en agradecimiento del dinero<br>los envía a llamar. |
| Juan | Pensarlo quiero.<br>Partid, señor, con ellos en buen hora;<br>que a la iglesia me voy. |

(Vase.)

| | |
|---|---|
| Otón | ¡Qué sentimiento! |
| Feliciano | No os admiréis; que es padre. |
| Lisarda | Más le tiene<br>por vernos en la corte, que por miedo. |
| Otón | No nos vamos sin verle. |
| Feliciano | Por la iglesia,<br>si os parece, pasemos. |
| Lisarda | Y es muy justo;<br>que viéndonos tendrá menos disgusto. |
| Fileto | Vámonos luego; que también yo quiero<br>ir a ser cortesano con Lisarda. |
| Bruno | Yo pienso acompañarte. |
| Fileto | Por lo menos,<br>no estaremos a ver al viejo padre<br>llorando la desdicha que imagina. |

| | |
|---|---|
| Bruno | Mas dime, ¿sabrás tú ser cortesano? |
| Fileto | Pues, ¿hay cosa más fácil? |
| Bruno | ¿De qué suerte? |
| Fileto | No sé si acierto, lo que pienso advierte: |
| | cumplimientos extraños, ceremonias, |
| | reverencias, los cuerpos espetados, |
| | mucha parola, murmurar, donaires, |
| | risa falsa, no hacer por nadie nada, |
| | notable prometer, verdad ninguna, |
| | negar la edad y el beneficio hecho, |
| | deber... y otras cosas más sutiles, |
| | que te diré después por el camino. |
| Bruno | Notable cortesano te imagino. |

(Vanse. Salen el Rey y el Almirante.)

| | |
|---|---|
| Rey | De esta manera, sospecho |
| | que irá mi hermana mejor. |
| Almirante | Beso tus manos, señor, |
| | por la merced que me has hecho. |
| Rey | Ya que me determiné |
| | a casarla, no podía |
| | darla mejor compañía. |
| Almirante | Yo, señor, la llevaré |
| | con mis parientes y amigos, |
| | y con todo mi cuidado. |

| | |
|---|---|
| Rey | No quise que mi cuñado,<br>con guerras, con enemigos,<br>   de su tierra se alejase. |
| Almirante | Ha sido justo decreto<br>de un príncipe tan perfeto. |
| Rey | Por esto, y por excusar<br>   un gasto tan excesivo. |
| Almirante | Por mil razones es bien. |
| Rey | Que llegue hasta el mar también<br>gente de su guarda escribo<br>   porque más seguros vais. |
| Almirante | Ya la infanta, mi señora,<br>viene a verte. |
| Rey |           Y viene agora<br>a saber que la lleváis. |

(Sale la Infanta.)

| | |
|---|---|
| Infanta | ¿En qué entiende vuestra alteza? |
| Rey | Hermana, en vuestra jornada. |
| Infanta | ¿Acércase? |
| Rey |         Ya es llegada.<br>Pero no tengáis tristeza,<br>   pues va mi primo con vos;<br>y yo, cuando pueda, iré. |

| | |
|---|---|
| Infanta | ¿No queréis que triste esté? |
| Rey | Imagino que los dos<br>　nos veremos muchas veces. |
| Infanta | Luego que salga de aquí,<br>os olvidaréis de mí. |
| Rey | Hago a los cielos jueces,<br>　y al amor que me debéis,<br>que no es posible, señora,<br>que faltéis del alma una hora<br>donde tal lugar tenéis.<br>　Mirad que aunque soy hermano,<br>soy vuestro galán también. |
| Infanta | No puedo responder bien,<br>si no es besándoos la mano. |

(Sale Finardo.)

| | |
|---|---|
| Finardo | Otón, señor, ha llegado. |
| Rey | Venga norabuena Otón. |

(Salen Otón, Lisarda, Feliciano, Belisa, Bruno y Fileto.)

| | |
|---|---|
| Otón | Éstos los dos hijos son<br>de aquel labrador honrado. |
| Rey | Ellos sean bien venidos. |
| Feliciano | Los pies, señor, te besamos, |

**116**

y a tu grandeza llegamos
humildemente atrevidos.

Lisarda        Deme vuestra alteza a mí,
pues que indigna, los pies.

Infanta      Dios os guarde. Hermosa es.
Ya me acuerdo que la vi
    una mañana en su aldea.

Rey        Hermana, hacedme placer
de honrarla.

Infanta              ¿Que puede hacer
que vuestro servicio sea?

Rey        Dalde muy cerca de vos
el lugar que vos queráis,
segura que le empleáis
en buena sangre, por Dios.

Otón (Aparte.)    (No en balde el rey ha trazado
que venga Lisarda aquí.
Siempre sus celos temí,
mis favores le han picado.
    ¡Ah, cielo, cuán mejor fuera
que en el camino a su hermano
me declarara, y la mano
de ser su esposo le diera!
    Pero también era error
sin la licencia del rey.
Mas, ¿cuándo amor tuvo ley?
Porque con ley no es amor.)

Rey            Hago alcaide de París
               a Feliciano.

Feliciano                     No sé
               cómo, señor, llegaré
               adonde vos me subís;
                  que las plumas de mis alas
               no me levantan del suelo.

Rey            Con la humildad de tu celo
               al mayor mérito igualas.

Otón              (¡Cómo se le echa de ver
               al rey el fin de su intento!
               Claro está su pensamiento,
               él mismo le da a entender
                  por la lengua y por los ojos.)

Rey            Finardo...

Finardo               ¿Señor?

Rey                         Advierte.

Otón (Aparte.)   (El traerla fue mi muerte.
               Yo merezco mis enojos.)

(Aparte a Finardo.)

Rey               Ve, Finardo, a Miraflor,
               y con toda diligencia
               haz que venga a mi presencia
               su padre, Juan Labrador;
                  y no te vengas sin él,

aunque le fuerces.

Finardo                                    Yo voy.

Rey                     Mira que aguardando estoy,
                        porque he de tratar con él
                            ciertas cosas de importancia.

(Vase Finardo.)

Otón                    (El rey ha hablado en secreto
                        con Finardo; no es efeto
                        de los gobiernos de Francia.
                            Él es ido y con gran prisa;
                        ¿quién duda que a prevenir
                        mi desdicha, que a salir
                        con tanta fuerza me avisa?)

Rey                        Vamos, hermana, y haremos
                        que muden traje los dos.

(Vanse el Rey, la Infanta y el Almirante, Lisarda, Feliciano y Belisa.)

Otón                    (Un ciego verá, por Dios,
                        del rey los locos extremos.
                            ¡Oh traidor, oh falso amigo!
                        ¡Oh Finardo, que me vendes,
                        pues cuando mi mal entiendes
                        eres fingido conmigo!)
                            Buenos hombres, ¿sois los dos
                        criados de Feliciano?

Bruno                   Háblale tú, cortesano.

| | |
|---|---|
| Fileto | ¿Diréla merced, o vos? |
| Bruno | Señoría, mentecato. |
| Fileto | Señor, de la aldea venimos<br>donde a su padre servimos,<br>ya en su casa, ya en el hato.<br>   Bruno se llama este mozo,<br>y yo Fileto me llamo. |
| Otón | Mucho por el dueño os amo,<br>mucho de veros me gozo.<br>   Pienso que podréis hablar<br>con libertad a Lisarda;<br>que ni criado ni guarda<br>os ha de impedir entrar.<br>   Hacedme, amigos, placer<br>de decirle cómo a Otón<br>le mata la sinrazón<br>que el rey le pretende hacer;<br>   y decilde que le pido<br>mire que es injusta ley<br>por dudoso galán rey,<br>dejar seguro marido. |

(Vase.)

| | |
|---|---|
| Bruno | ¿Que te parece? |
| Fileto | ¡Mal año<br>para quien quedase acá. |
| Bruno | ¡Pardiez, que Lisarda está<br>metida en famoso engaño! |

| | |
|---|---|
| Fileto | Luego que vine a este mundo<br>de la corte, eché de ver<br>Bruno, que había de ser<br>alcahuete o vagamundo.<br>  ¿Has vido lo que este necio<br>manda decir a Lisarda? |

(Sale Feliciano, muy galán.)

| | |
|---|---|
| Feliciano | No medra quien se acobarda,<br>ni tiene el ánimo precio.<br>  ¡Dichoso el que alcanza a ver<br>del Sol del rey solo un rayo! |
| Bruno | Cata a muesamo hecho un mayo. |
| Fileto | Luego, ¿es él? |
| Bruno | ¿Quién puede ser? |
| Fileto | ¡Esto tan presto se medra!<br>A fe que estás gentil hombre. |
| Feliciano | Como sin el Sol el hombre<br>no es hombre, es estatua, es piedra,<br>  ansí aquel que nunca vio<br>la cara al rey. Tomad esto |
| (Dales dinero.) | y los dos os vestid presto<br>ansí a la traza que yo,<br>  aunque no tan ricamente,<br>para que aquí me sirváis;<br>porque en aquéste que andáis,<br>no es hábito conveniente. |

**121**

| | |
|---|---|
| Bruno | Pues, ¿de qué te serviremos? |
| Feliciano | De lacayos, que tenéis<br>buenos cuerpos, y otros seis<br>para pajes buscaremos;<br>  que pajes he de tener<br>para alcaide de París.<br>Ea, ¿cómo no partís? |
| Fileto | Con temor de no saber<br>  si sabremos el oficio. |
| Feliciano | Pues, ¿tiene dificultad<br>ir delante, en la ciudad,<br>del caballo? |
| Bruno | ¡Hermoso vicio! |
| Feliciano | Pasad delante de mí. |
| Fileto | ¿Los dos? Pues ponte detrás. |
| Feliciano | Id caminando. |
| Bruno | ¿No es más? |
| Feliciano | No es más. |
| Bruno | Pues ya lo aprendí. |
| Fileto | Agora acabo de ver<br>que hay acá más de un oficio,<br>que es vicioso su ejercicio, |

y viste y come a placer.
Si no hubieran los señores,
los clérigos y soldados
menester tantos criados,
hubiera más labradores.
Vase un cochero sentado,
que todo lo goza y ve;
¡mal año, si fuera a pie
con la reja de un arado!

(Sale Lisarda, muy gallarda.)

Lisarda        A tomar tu parece
del nuevo traje he venido.

Feliciano      Nunca mejor le has tenido
porque tienes nuevo ser.
Dame esos brazos, Lisarda,
porque has doblado mi amor
con verte en el justo honor
de tu condición gallarda.

Lisarda        Mas, ¿si me padre me viera?

Feliciano      Pienso que perdiera el seso.

Fileto         Parabién del buen suceso,
ama y señora, te diera,
a saber la cortesía
con que te habemos de hablar.

Lisarda        Éstos, ¿han de ir al lugar?

Feliciano      No tan presto, hermana mía,

porque en mi servicio quedan.
Y quédate a Dios; que voy
a vestirlos, porque hoy
por París honrarme puedan.

(Vase.)

Lisarda            Dios te guarde.

Bruno                        Oficio honrado,
pardiez, hemos de tener.

Fileto            Que ya no queremos ver
el azadón ni el arado.

(Vanse los criados.)

Lisarda            De grado en grado amor me va subiendo,
que también el amor tiene su escala,
donde ya mi bajeza a Otón iguala,
cuya grandeza conquistar pretendo.
    Fortuna, a tus piedades me encomiendo.
Ya llevo en la derecha mano el ala
con que he llegado a ver del Sol la sala
por la región del aire discurriendo.
    No me permitas humillar al suelo
si a tu cielo tu mano me llevare.
Hazme cristal al Sol, no débil hielo.
    Agora es bien que tu piedad me ampare;
que no es dicha volar hasta tu cielo,
sin clavo firme que tu rueda pare.

(Sale el Rey.)

| | |
|---|---|
| Rey | Hermosa, Lisarda, estás<br>con ese nuevo vestido. |
| Lisarda | Señor, como nube he sido<br>donde con tus rayos das;<br>    que como el Sol las colora,<br>cuando alguna se avecina,<br>ansí con tu luz divina<br>mi nube se doma y dora. |
| Rey | Todos me debéis amor<br>desde una noche que os vi. |
| Lisarda | Aunque en disfraz, conocí<br>vuestro supremo valor. |
| Rey | Quiero a vuestro padre mucho. |

(Sale Otón, sin ser visto.)

| | |
|---|---|
| Otón (Aparte.) | (Ya, ¿qué me queda por ver?) |
| Rey | Y a vos os pienso querer. |
| Otón (Aparte.) | (¡Con qué sufrimiento escucho!<br>    Pero la desigualdad<br>no me promete más furia,<br>y solo Lisarda injuria<br>la fe de mi voluntad;<br>    que el rey, ¿por qué obligación<br>no ha de procurar su gusto?) |
| Rey | De hacerle mercedes gusto,<br>ansí por la discreción |

como por el valor grande
que en su pecho he conocido.

Lisarda  Pues sus hijos le ha ofrecido,
¿qué puede haber que le mande
 vuestra alteza que no haga?

Otón (Aparte.) (¿Qué invención podré fingir
con que les pueda impedir
y que al rey le satisfaga?)
(Saliendo.)  Señor, mire vuestra alteza
que es hora ya de comer.

Rey  Sí, Otón, sí debe de ser.
Pero juega de otra pieza,
 que con ésa perderás.

Otón  ¿No es ya que comas razón?

Rey  Estáte quedito, Otón.
Ten paciencia y ganarás.

Otón   ¿De qué la debo tener?
¿No te sirvo en lo que puedo?

Rey  Nunca al poder tengas miedo
cuando es discreto el poder.

Otón   Come, señor, por tu vida.

Rey  Aguardo un huésped, Otón.

Otón  ¿Tú? ¿Huésped?

| | |
|---|---|
| Rey | Y de un rincón;<br>que éste nunca se me olvida. |
| Otón | Parece que ya de mí<br>no fías lo que solías. |
| Rey | Menos tú de mí confías,<br>pues que te guardas ansí. |
| Otón | Señor, no entiendo el estilo<br>con que hoy me tratas. |
| Rey | No importa.<br>Mucho Amor, con celos corta.<br>Embótale un poco el filo. |

(Vase Lisarda. Salen Finardo y luego Juan Labrador.)

| | |
|---|---|
| Finardo | Ya está Juan Labrador en tu palacio. |
| Rey | Sea Juan Labrador muy bien venido. |
| Juan | Para servirte aún me parece espacio,<br>invicto rey, la prisa que he traído. |

(Vase Otón.)

| | |
|---|---|
| Rey | Mucho de tus intentos me desgracio,<br>aunque estoy a tu estilo agradecido.<br>¿Por qué no quieres verme? ¿Soy yo fiera? |
| Juan | Porque morir en mi rincón quisiera. |
| Rey | ¿Tú no sabes lo que es antipatía? |

¿Por qué secreta estrella me aborreces?

Juan

¿Aborrecerte yo? ¿Cómo podría,
que ser amado, príncipe, mereces?
Colmando el cielo en la aldehuela mía
de sus bienes mi casa tantas veces,
me pareció que solamente el verte
pudiera ser la causa de mi muerte.
  No me engañé, pues en tu rostro veo
que eres tú aquél que ya cenó conmigo,
y desde entonces tanto mal poseo
que parece del cielo este castigo
por solo verte —lo que apenas creo—
dejando mi rincón tus salas sigo,
llenas de tus pinturas y brocados
y de la multitud de tus criados.
  Acá tengo mis hijos, que no siento
tanto como el hallarme yo en persona
en medio de tan áspero tormento;
y si te enojo, gran señor, perdona.

Rey

¡Hola! Dad a mi huésped un asiento,
que haber nacido rústico le abona;
Juan, asentaos.

Juan

           Señor, ¿que yo me asiente?

Rey

Sentaos, pues quiero yo; sentaos, pariente.

Juan

  Siéntese vuestra alteza.

Rey

                Sois un necio.
¿No veis que me mandáis vos en mi casa?

| | |
|---|---|
| Juan | Si en la mía yo os hice ese desprecio, no os conocí. |
| Finardo (Aparte.) | (¿Que es esto que aquí pasa?) |
| Rey | Mucho de que a mi lado estéis me precio. |
| Juan | A mí, señor, con su calor me abrasa el rostro la vergüenza. |
| Rey | Mucho os quiero. De hoy más habéis de ser mi compañero. |
| Juan | Señor, si allá os hubiera conocido, cenárades mejor. |
| Rey | Yo me fui a veros, pues nunca a verme vos habéis venido. |
| Juan | Fui villano en rincón, no en ofenderos. |
| Rey | Del empréstito estoy agradecido. |
| Juan | Señor, yo no he emprestado esos dineros. Lo que era vuestro dije que os volvía, porque de vos prestado lo tenía, y ansí réditos fueron el presente. |
| Rey | ¿Qué cordero fue aquél y qué cuchillo? |
| Juan | Deciros que a su rey está obediente de aquella suerte el labrador sencillo. Cortar podéis cuando queráis. |

Rey                              Pariente,
                 muy filósofo sois.

Juan                         No sé decillo;
                 pero sentillo sé.

Rey                          Vos me pintasteis
                 de lo que sois señor, y me admirasteis.
                   Oíd lo que soy yo. Yo soy agora
                 desde Arlés a Calés señor de Francia,
                 y desde la Rochela hasta Bayona,
                 la Bretaña, Gascuña y Normandía,
                 Lenguadoc, la Provenza, el Delfinado
                 hasta que toca en la Saboya el Ródano,
                 está debajo de mi justo imperio;
                 entre la Sona y Marne la Borgoña,
                 y, a la parte de Flandes, Picardía.
                 Tengo castillos, naves, oro, plata,
                 diamantes, perlas, recreaciones, cazas,
                 jardines y otras cosas que se extienden
                 al mar occidental desde Germanía.
                 Y siendo ansí, que solos mis consejos
                 tienen más gente que tenéis pastores
                 y más vasallos en el burgo solo
                 que vos tenéis cabezas de ganados.
                 No tuve condición esquiva en veros
                 y a visitaros fui y a conoceros.

Juan                    Señor, mi error conozco, digno he sido
                 de la muerte. Quitad a aquel cordero
                 el cuchillo del cuello, al mío os pido
                 que trasladéis el merecido acero.

Rey              No soy Diomedes. Yo nunca convido

para matar; que regalaros quiero.
¡Hola! Venga la mesa.

(Vase Finardo.)

Juan (Aparte.)                    (El fin sospecho
                    que ha de venir a ser pasarme el pecho.)

(Criados sacan la mesa con todo recado.)

Rey                    A mi hermana llamad, música venga;
                    que bien puede tenella mientras come
                    un rey en su rincón. El huésped tenga
                    este lugar. La cabecera tome.

Juan                    No es justo que ese puesto me convenga;
                    que no habrá Sol que mi ignorancia dome.

Rey                    La cabecera es justo que posea,
                    Juan Labrador, por ruin que el huésped sea.

(Salen Feliciano, Lisarda, Fileto y Bruno, de lacayos graciosos.)

Feliciano                    ¿Mi padre con el rey está comiendo?

Bruno                    Ansí lo dicen.

Fileto                                ¿No le ves sentado?

Feliciano                    Lisarda, ¿qué es aquesto?

Lisarda                                Estoy temiendo
                    que el fin de nuestras vidas sea llegado.

(Salen la Infanta y el Almirante, y músicos.)

Infanta              Si tal huésped estáis favoreciendo,
                       ¿por qué primero no me habéis llamado?

Rey                Vednos, Ana, comer, por vida mía.

Juan              Beber, señor, si vos mandáis, querría.

(Cantan [los músicos].)

Músicos           «Cuán bienaventurado
                     un hombre puede ser entre la gente,
                     no puede ser contado
                     hasta que tenga fin gloriosamente;
                     que hasta la noche oscura
                     es día, y vida hasta la muerte dura.»

(Salen tres enmascarados con sayos, trayendo en platos, que ponen sobre la mesa, el uno un cetro, el otro una espada y el último un espejo.)

Juan                    ¿Qué es esto, invicto señor?

Rey                Son tres platos que me han puesto,
                     de que tú podrás comer.

Juan              Antes ya comer no puedo.

Rey                No temas, Juan Labrador;
                     que nunca temen los buenos.

(Vanse los enmascarados.)

                     Este primero que ves

tiene el cetro de mi reino;
ésta es la insignia que dan
al rey, para que a su imperio
esté sujeto el vasallo.

Juan                   Siempre yo estuve sujeto.

Rey                    Este espejo es el segundo,
porque es el rey el espejo
en que el reino se compone
para salir bien compuesto.
Vasallo que no se mira
en el rey, esté muy cierto
que sin concierto ha vivido,
y que vive descompuesto.
Mira al rey, Juan Labrador,
que no hay rincón tan pequeño
adonde no alcance el Sol.
Rey es el Sol.

Juan                            Al Sol tiemblo.

Rey                    No temas; que a este convite
no he de colgar del cabello
como el tirano en Sicilia
el riguroso instrumento;
que esta espada viene aquí
por la justicia que puedo
ejecutar en los malos,
pero no para tu cuello.

(Cantan.)

Músicos                «Como se alegra el suelo

cuando sale de rayos matizado
el Sol en rojo velo
así, viendo a su rey, está obligado
el vasallo obediente,
adorando los rayos de su frente.»

([Hablan Fileto y Bruno] aparte.)

Fileto            Tamañito, Bruno, estoy.

Bruno            Yo pienso que ya no tengo
                 tripas, que se me han bajado
                 hasta las plantas, Fileto.

Fileto            El diablo nos trujo acá.
                 Las máscaras vuelven.

(Vuelven los tres enmascarados con otros tres platos.)

Bruno                         Creo
                 que nos han de abrir a azotes.

Fileto            Más temo, Bruno, el pescuezo.

Rey              Mira esos platos que traen.

Juan             A descubrir no me atrevo
                 mi muerte.

Rey                       Pues oye, Juan.
                 Este papel del primero
                 es un título que doy
                 con cuanta grandeza puedo,
                 de caballero a tu hijo.

Goce de este privilegio.
El segundo es para el dote
de tu hija, en que te vuelvo
sobre los cien mil ducados,
en diez villas otros ciento.
Y porque ver no has querido
en sesenta años de tiempo
a tu rey, para ti trae
una cédula el tercero
de mayordomo del rey;
que me has de ver, por lo menos,
lo que tuvieres de vida.

Juan        Los pies y manos te beso.

Rey         Quitad la mesa, y mi hermana
            diga a cuál vasallo nuestro
            le quiere dar a Lisarda.

Infanta     Eso, señor, digan ellos,
            pues el dote y la hermosura
            y tu gracia es tanto premio.

Otón        Antes que ninguno hable,
            a ser su esposo me ofrezco.

Rey         Otón, juráralo yo
            desde los pasados celos.
            Ana, primero que os vais,
            de este alegre casamiento
            seremos los dos padrinos.

Infanta     Lo que a mí me toca acepto.
            Daos las manos.

| | |
|---|---|
| Rey | Feliciano, |
| | ¿no está casado? |
| | |
| Infanta | Yo quiero |
| | honrar mucho a su mujer. |
| | |
| Rey | Aquí, senado discreto, |
| | el villano en su rincón |
| | acaba por gusto vuestro, |
| | besándoos los pies Belardo |
| | por la merced del silencio. |

Fin de la comedia

**Libros a la carta**

A la carta es un servicio especializado para
empresas,
librerías,
bibliotecas,
editoriales
y centros de enseñanza;
y permite confeccionar libros que, por su formato y concepción, sirven a
los propósitos más específicos de estas instituciones.

Las empresas nos encargan ediciones personalizadas para marketing
editorial o para regalos institucionales. Y los interesados solicitan, a título
personal, ediciones antiguas, o no disponibles en el mercado; y las acompañan con notas y comentarios críticos.

Las ediciones tienen como apoyo un libro de estilo con todo tipo de referencias sobre los criterios de tratamiento tipográfico aplicados a nuestros
libros que puede ser consultado en Linkgua-ediciones.com.

Linkgua edita por encargo diferentes versiones de una misma obra con
distintos tratamientos ortotipográficos (actualizaciones de carácter divulgativo de un clásico, o versiones estrictamente fieles a la edición original
de referencia).

Este servicio de ediciones a la carta le permitirá, si usted se dedica a
la enseñanza, tener una forma de hacer pública su interpretación de un
texto y, sobre una versión digitalizada «base», usted podrá introducir interpretaciones del texto fuente. Es un tópico que los profesores denuncien
en clase los desmanes de una edición, o vayan comentando errores de
interpretación de un texto y esta es una solución útil a esa necesidad del
mundo académico.

Asimismo publicamos de manera sistemática, en un mismo catálogo, tesis
doctorales y actas de congresos académicos, que son distribuidas a través
de nuestra Web.

El servicio de «libros a la carta» funciona de dos formas.

1. Tenemos un fondo de libros digitalizados que usted puede personalizar
en tiradas de al menos cinco ejemplares. Estas personalizaciones pueden
ser de todo tipo: añadir notas de clase para uso de un grupo de estu-

diantes, introducir logos corporativos para uso con fines de marketing empresarial, etc. etc.

2. Buscamos libros descatalogados de otras editoriales y los reeditamos en tiradas cortas a petición de un cliente.

.